Trois Années
de
la Vie d'une Ame

Lettres de René-Benoît-Marie ***

PUBLIÉES

Par JEAN MONTMARTRE

« *Monter, monter encore, monter toujours.* »

(SA DEVISE.

IMPRIMERIE DE MONTLIGEON
LA CHAPELLE-MONTLIGEON (ORNE)

1920

Trois Années de la Vie d'une Ame

RENÉ (Janvier 1917).

Trois Années
de
la Vie d'une Ame

Lettres de René-Benoît-Marie ***

PUBLIÉES

Par JEAN MONTMARTRE

« *Monter, monter encore, monter toujours.* »

(SA DEVISE.)

IMPRIMERIE DE MONTLIGEON

LA CHAPELLE-MONTLIGEON (ORNE)

1920

INTRODUCTION

En parcourant la volumineuse correspondance adressée à son directeur de conscience, à sa famille, à ses amis par un jeune chasseur à pied qui m'a été cher, je rêvais d'en publier les plus belles pages, afin de charmer et d'instruire quelques âmes indécises au seuil de la virilité, afin de leur montrer ce que peut une volonté tenace pour arriver au but, se faire un caractère, monter à Dieu...

Au moment où ma plume cherchait la première expression d'un prologue attirant, je reçus, d'une personne que l'enfant avait beaucoup aimée la lettre suivante. Je l'offre au lecteur, car elle symbolise sous une forme originale l'histoire d'âme que racontera le reste de l'ouvrage.

« Je connais un horticulteur habile devenu jardinier d'un grand prince. Amoureux de son art, et surtout désireux de plaire au maître éminent qui l'avait pris à son service, ses soins journaliers produisaient à l'envi des plantes charmantes et vivaces dont il se montrait fier; et les plus belles, les plus parfumées, il devait, malgré le brisement de son cœur tendrement attaché à ses frêles protégées, les voir partir pour l'ornementation du palais où séjournait le prince.

« Or, un jour, à l'orée d'un bois, une plante fut remarquée du jardinier artiste à cause de son feuillage nuancé sur une tige souple, mais déjà hardie et élégante, et il rêva de porter en son meilleur terrain cet arbuste dont le nom lui était inconnu, mais dont il augurait une floraison remarquable. Il le prit donc avec délicatesse, le plaça sous ses regards attentifs en un coin de plate-bande visitée du soleil et abritée du vent, pour favoriser la reprise et assurer la croissance par des soins assidus.

« Il procura à sa plante aimée les fréquents arrosages, l'engrais fertilisant; et aussi d'une main ferme se servit du sécateur pour retrancher les branches inutiles et faire grandir la tige. Aussi, bientôt, celle-ci s'élança légère, gracieuse, mais robuste sous le ciel bleu. Les premiers rayons du soleil d'été, malgré leur ardeur, ne la firent pas ployer. Déjà, le jardinier artiste voyait en esprit surgir des boutons et prévoyait fleurs embaumées, fruits abondants, graine précieuse portés par sa plante chérie lorsque survint un jour d'orage violent.

« Le prince passa, et, s'abritant sous un arbre

voisin, remarqua lui aussi cette plante dont la première fleur s'entr'ouvrait à demi. « Oh ! dit-il, « c'est un Renatus, une fleur d'Orient qu'un pro- « dige de la nature a égarée par ici, la princesse « l'aime et je désire la lui offrir; j'en dispose « en maître et je la prends entière pour qu'elle « fleurisse encore dans le jardin de mon père ! »

« Une aide du jardinier, la douce petite Thérèse, était là aussi, attentive aux désirs comme aux ordres du prince. « Thérèse, lui dit-il, prends avec « délicatesse et dextérité cette plante avec sa ra- « cine, enveloppe-la de tes mains très doucement, « place-la sur ton cœur et porte la dans le jardin « superbe où, transplantée, elle charmera de son « éclat et de son parfum le parterre de la prin- « cesse. » Et Thérèse fit ainsi en baisant douce- ment la jolie plante qui semblait s'appuyer à elle comme à un soutien.

« Pauvre jardinier, combien s'émut son cœur lorsqu'il vit la place de sa préférée, une place béante ! Mais la maître avait parlé, et devant son désir s'inclinaient les satisfactions attendues du présent et l'espoir des fruits à venir !...

« Pourtant, une consolation lui était réservée : Thérèse avait, sur le bord du terrain, laissé tomber une petite branche du feuillage rare et quelques pétales de la fleur entr'ouverte. Le jardinier, les recueillant avec amour, les plaça dans une sorte d'herbier transparent, protecteur à la fois de la forme et du parfum, dont il voulait garder le souvenir; et il écrivit au dessous : Renatus !

« Vous connaissez, mon Père, ce jardinier habile, ce jardinier d'âmes au service de Jésus, et vous connaissez aussi la plante que vos soins ont nourrie et fortifiée. Vous avez recueilli en un cadre orné habilement les souvenirs laissés par Thérèse; et, ne pouvant espérer la propagation de notre plante aimée, vous en avez du moins gardé, pour l'instruction et le charme de vos amis favorisés, une image qui demeure vivante et garde le parfum que vos soins lui avaient procuré. Veuillez nous faire lire bientôt : *Trois années de l'histoire d'une âme.* »

Il faudrait des esprits étrangement réfractaires aux choses de la vie supérieure pour contester l'intérêt que présente l'observation d'une âme, quelle qu'elle soit, à plus forte raison si cette âme n'est point banale, de celles que nos amis anglais caractérisent de cette jolie expression : « *Every day minds* », des âmes de tous les jours.

Il y a mieux. Si telle âme déjà intéressante par les traits distinctifs de sa physionomie humaine est l'âme d'un chrétien, c'est-à-dire l'enjeu, le théâtre et la collaboratrice tout ensemble des diverses opérations de la grâce : plus grave, plus instructive et plus passionnante en devient l'étude. Cette action incessante ici-bas d'un Dieu Père, qui nous appelle et nous façonne, la *grâce*, ne va pas à détruire, à altérer, tant s'en faut, nos natures individuelles : elle les suppose, s'y adapte, en épouse les formes propres et le rythme, afin, les ayant amendées, de les parfaire et de les transfigurer ! Aussi est-ce merveille d'entrevoir comment la grâce, plus encore que la nature, si fertile pourtant en types et en ressources, apparaît indéfiniment souple et variée (*Ire Ep. de Saint Pierre*, ch. IV, vers. 10).

Puis, et c'est encore un autre genre d'intérêt, il y a lieu d'étudier les transformations successives par où telle âme est parvenue à réaliser ainsi son type à devenir *elle-même* devant Dieu et en Dieu, « le travail de la grâce sur une âme qui ne lui résiste pas ».

Sans préjudice de ses qualités naturelles, l'âme de R... dont on va publier quelques lettres, offre ce double genre d'intérêt, celui de la route et celui du terme; le tour caractéristique et définitif que prendra chez lui la vie chrétienne, passion des intérêts de Dieu ici-bas en lui-même et autour de lui, amour de la difficulté, de la souffrance au service de Dieu; et, en second lieu, la rapidité des étapes, accélérées par une extrême fidélité aux avances de la grâce, du mois de mai

1916 au mois de mai 1917. Il s'éleva en quelques mois d'une vie chrétienne très ordinaire — on en pourra juger — jusqu'à la pratique assidue des moyens de sanctification : prière, vigilance, lectures, confession et communion fréquente, direction spirituelle, amitiés saintes, et, de là, en quelques autres mois, jusqu'à la ferveur intense et au zèle pour la gloire de Dieu. Que ne fût-il pas devenu, dans la suite, persévérant et décidé comme il était ! Il n'eut pas le temps d'atteindre à la sainteté. Et, néanmoins, involontairement, avec toutes les atténuations requises, nous songions jadis, en causant avec lui, à ce mot du martyr de la Commune, le P. Olivaint : « Il faut moins de temps que de courage pour faire un saint. »

Quelqu'un qui l'a connu à fond, et qui, après Dieu, fut l'artisan de sa valeur morale, a pu porter sur sa fin ce jugement magnifique : « Il aspirait à la plénitude du bien, du beau et de l'amour, et pour y arriver il s'est affiné l'âme, purifié l'être, jusqu'à *aimer la souffrance* et la douleur, à faire son stage de purgatoire ici-bas, volontairement, pour se jeter plus vite en Dieu. »

JEAN MONTMARTRE.

Trois Années
de la Vie d'une Ame

QUELQUES DATES

René vint au monde à A..., ville du Nord rasée par la guerre, le 21 avril 1891, treizième et dernier enfant d'une famille que Dieu aimait sans doute particulièrement à en juger par les épreuves variées qu'elle eut à traverser. Pour n'en citer qu'une : en deux ans, six enfants parmi les aînés avaient été fauchés par la mort en quelques heures !

Né au milieu de tant de deuils, l'enfant fut d'abord fragile et délicat. En revanche, il témoignait d'un caractère décidé et bon. Plus tard, épris avant tout de mouvement et de liberté, il versa bien des larmes lorsqu'il lui fallut fréquenter les petites classes de l'asile. On le mit, à neuf ans, au collège de B... Sa nature emportée et imaginative le tint éloigné des classiques; les arts seuls le transportaient et il subissait sa journée d'études dans l'espoir des heures de musique et de dessin qui devaient suivre.

Tout bambin, il avait une passion pour le chant... et les échelles !... Aussi, les jours de congé, levé matin, il appliquait au mur de la grande maison familiale la plus longue échelle qu'il pût trouver, plus haute parfois que le premier étage, et là, sur le dernier échelon, bien perché en face du soleil levant, il réveillait son monde par le chant de cantiques anciens et modernes, dont un gros livre et sa mémoire complaisante, fournissaient le répertoire interprété à pleins poumons. Le concert se prolongeait souvent jusqu'aux heures des repas pour lesquels il fallait appeler et rappeler l'artiste inlassable.

Il gardera toujours, même aux pires heures de la guerre, dans les secteurs les plus maussades ou les plus tragiques, cet intarissable fonds de gaieté française. Son âme riait à tout, aux événements, aux siens, à Dieu surtout, plus tard. Saint François de Sales dont il était devenu le disciple aurait appelé ce jeune homme de vingt-cinq ans, au masque pourtant si énergique, « la petite alouette du bon Dieu ».

Comme tout ce qui parlait d'émancipation l'attirait invinciblement, adolescent il fut un adepte du *Sillon*, jusqu'à la condamnation portée par l'Église. Sa soumission fut alors pleine et entière, mais, comme à tant d'autres jeunes âmes, il lui resta de cette délicate déception une blessure mal fermée. C'est le grand malheur de ces magnifiques mouvements de jeunesse de ne pas toujours vouloir être ou rester complètement sûrs !

Ses études secondaires terminées, les exemples qu'il avait sous les yeux comme aussi les nécessités de la vie lui imposaient sans délai une carrière. Il obtint une place à la Société Générale. Avec ses allures encore enfantines et son fin visage souriant, le voilà parti pour Paris, courageusement, malgré sa peine profonde de quitter les siens et la grande demeure qu'il aimait.

Octobre 1912, c'est le service militaire à Lille. Au printemps de 1914 il est envoyé sur sa demande à l'École de Vincennes; malheureusement il échoue à l'examen de sortie. Rentré à Lille, il est presque aussitôt détaché à Maubeuge, où le trouve la guerre, qui éclate alors qu'il escomptait joyeusement la date de la libération prochaine. Mais, pareil à tant d'autres bons français, il n'eut pas une minute de plainte. Ses plans étaient brisés, il ne parla que d'une chose : faire son devoir tout entier, comme ses trois frères également appelés, et se fier à Dieu.

Dieu devait répondre à sa confiance, mais d'une manière bien supérieure à tout ce que René eût pu prévoir.

La montée d'âme et la vie intérieure ne commenceront que vingt mois plus tard, vers le 1er juin 1916. Nous n'avons pas cru, néanmoins, devoir sacrifier toutes les lettres de cette première période de la guerre. Il s'y montre avec son caractère affectueux, compatissant, débrouillard, parfois agressif, joliment insouciant, toujours joyeux. A cet âge de vingt-quatre ans, la vie n'a pas encore fondu en lui les diverses parties du caractère. Il y a *juxtaposition* de l'esprit positif et avisé, d'une expérience déjà avancée de la vie, des affaires et des hommes, et d'une certaine candeur touchante, loyale et enthousiaste, essentiellement juvénile. Son christianisme est encore superficiel et intermittent :

« Des X*** également, j'ai reçu une lettre mais rien d'intéressant, des recommandations religieuses et un tas de bêtises auxquelles je ne prête pas attention. (Janvier 1915.)

« Ma pauvre maman, je fais péchés sur péchés, bien que chaque fois j'ai le ferme propos de ne plus recommencer. » (Lettre du 19 janvier 1915.)

Mais le jour viendra où, sous l'influence de divers événements de sa vie militaire, il se tournera vers Dieu avec cette forte résolution qu'il portait en tout, et entreprendra à fond la culture de son âme.

Ses lettres nous le peindront au vif.

Un noble cœur qu'il rencontra pendant la guerre et qui devint pour lui un ami, nous a écrit après sa mort :

« Quelle âme ardente et généreuse il avait, René ! Avec son caractère entier, il ne pouvait être question de demi-mesures; le sublime sommet de la perfection entrevu, il y court, il y vole, il n'a de cesse qu'il ne l'ait atteint... Il faudra qu'il crucifie son cœur... Il ira jusqu'au calvaire; et quel calvaire pour un cœur comme le sien, si sensible, si affectueux !...

« Il lisait, étant encore au 83e territorial, « l'*Incomparable Ami.* » Il apprit à le connaître. Avec quelle ardeur, nouvel Augustin, il dût s'écrier : « O mon Dieu, ô divine Beauté, trop tard je vous ai connu, trop tard je vous ai aimé. » Et s'élançant dans la sainte carrière, pratique toujours, comme on l'a si bien dit, il a pris le chemin le plus rapide, le plus court, celui de la Croix. Qui nous dira, qui nous dévoilera les divins épanchements de ce cœur de feu avec l'*Incomparable Ami?* Colloques divins que la terre est indigne d'entendre, mais que devinent les âmes éprises du divin Amour !... S'il eût vécu, il eût fait un apôtre, un conquérant d'âmes à l'exemple de saint François-Xavier... Mais il reste de lui ses lettres qui feront du bien, qui grossiront l'armée des petites âmes, — celles des jeunes gens surtout si facilement éprises d'idéal... Il leur montrera la voie par où, d'une vie ordinaire, indifférente presque, on peut avec un cœur de feu, fidèle à la grâce, s'élever rapidement à la plus sublime perfection. »

Maubeuge, le 18 juin 1914.

Chère petite mère,

Je viens de recevoir ton petit paquet; le contenu m'a fait grandement plaisir et déjà je croque à belles dents le délicieux sucre d'orge; je suis si gourmand qu'il n'en existe plus que la moitié. Et puis le chocolat : toujours des gâteries ! décidément je finirai par croire que je resterai toujours un petit enfant; mais pour çà, je ne m'en défends pas, que ne ferait-on pour se laisser câliner ! Enfin, je suis resté en extase et ravi devant les jolies nuances des paires de chaussettes, les anciennes seront pour la semaine, les neuves je les réserverai pour mes pieds de grandes fêtes; c'est même trop beau pour un soldat.

Pour l'instant tout va bien. Mille bons baisers affectueux.

René.

Maubeuge (vers le 6 août 1914).

Bien chère petite mère,

Très rapidement un petit mot. Merci beaucoup pour les 40 francs de ce matin et pour ta lettre.

La situation est critique, la mobilisation continue.

A la première alerte, on expulsera les femmes de la ville qui est fortifiée, et nous partirons pour Lille.

Je cours la ville pour requérir les quantités de vivres réquisitionables, si besoin est.

Le colonel médecin-chef couche à l'hôpital. Les femmes des officiers s'en vont avec les enfants.

Toutes les mesures sont prises; les forts environnant la ville sont entourés de fils de fer avec de grosses pointes pour se garantir des charges de cavalerie.

Les aviateurs sont partis cette nuit avec les aéroplanes.

Sept classes sont mobilisées ainsi que tous les maréchaux-ferrants.

Que deviens-tu? Surtout ne te tourmente pas; toutes les femmes de Maubeuge pleurent, mais çà n'est pas fait pour arranger la situation. Nous observons tous ces préparatifs avec le sourire sur les lèvres; je t'assure que nous ne pensons guère au désastre qui peut-être nous attend.

Pour toi, petite mère chérie, ne te tourmente pas, je m'arrangerai toujours; ne quitte pas ma grande sœurette qui a besoin d'un appui, moi je suis un homme, je saurai me débrouiller, mais nous ne serons pas longtemps sans nous revoir, car la guerre, si elle éclate, ne pourra pas durer. Ce qui m'inquiète davantage, c'est le point de vue pécuniaire pour vous; qu'allez-vous devenir avec ce grand magasin et ces fonds entassés?

Chère petite mère et ma grande marraine, au revoir, je vous embrasse mille et mille fois bien affectueusement de tout cœur.

Votre petit qui vous aime,

René.

Pantin, le vendredi 13 novembre 1914.

Chère petite maman,

Comme je l'avais prévu, nous avons quitté Rouen et en une nuit nous sommes arrivés à Pantin, où comme d'ordinaire nous attendrons des ordres de départ, qui peuvent être donnés aujourd'hui comme dans huit jours seulement. Enfin, ce qu'il y a de mieux, c'est qu'hier matin, en allant à Noisy, j'ai eu ta lettre du 3 et l'après-midi celle du 9 courant. J'y réponds de suite, car il faut que je te remercie des vœux de fête que tu m'as offerts, et auxquels certes je n'avais pas encore pensé.

Mais je me hâte, surtout parce que tu sembles très alarmée de ce qu'un changement peut se produire dans ma position actuelle. Voyons, ma ma chère petite mère, pourquoi sembles-tu te faire plus de chagrin qu'il ne faut? Il ne doit jamais arriver que ce que veut la destinée. En toute circonstance, il faut rester calme et stoïque; observer sans se tourmenter du passé, et prévoir l'avenir en dirigeant le présent.

Voilà mon principe, c'est ce que j'ai toujours cherché à suivre de plus près et je crois que j'ai raison. En effet, pourquoi vouloir se faire de la bile parce qu'une chose a été faite de telle manière plutôt que de telle autre. Rien; on se rend malade, et c'est tout. Ce qui est passé n'est plus à faire, et il vaut bien mieux fermer de suite les yeux sur ce qui n'est plus, pour s'adonner davantage à ce qui est ou sera.

Tu me dis aujourd'hui que la maison n'a pas été touchée par les obus jusqu'au 30.

Je m'en réjouis, mais si au contraire tu m'avais annoncé qu'elle n'existait plus, je ne m'en serais pas émotionné davantage, car çà ne l'aurait pas réparée, et j'aurais gardé ainsi plus de sang-froid pour prendre immédiatement des mesures pour remédier à ce désastre qui nous aurait atteints tous. Vois-tu mon caractère?

Je suis donc assez réfléchi pour prendre une détermination sérieuse et ne pas me lancer à l'aveuglette dans une *demande* qui peut m'enlever ce que j'ai de plus sensible, c'est-à-dire la vie, comme tu veux bien me le dire.

J'ai donc essayé, hier, d'avoir une réponse à ma demande de *départ* et j'ai simplement su qu'elle suit son cours et qu'elle était transmise par voie hiérarchique. Peut-être seulement, n'en aurais-je jamais. On ne sait jamais comment les choses peuvent tourner dans l'administration.

Si je pouvais passer dans l'infanterie, je deviendrais sûrement sergent, si je n'étais pas atteint avant. D'ici la fin de la campagne, peut-être qu'avec mon ancien grade d'E. O. R., je pourrais passer officier. Naturellement, tout ceci est un problème insoluble pour le moment et subordonné à bien des choses, mais qui ne risque rien n'a rien.

Ma chère petite maman, je vous embrasse tous du fond du cœur, mais toi plus particulièrement que je voudrais savoir à l'abri de tout souci.

Ton René.

La première année de guerre fut peu belliqueuse pour René. Son patriotisme s'en affligeait (1), car il croyait comme la plupart à une courte durée de la guerre, jugée déjà bien longue après six mois ! L'année fut néanmoins très occupée pour lui,

---

(1) Je ne sais pas ce que j'ai, mais depuis que la circulaire ministérielle a paru, je ne rêve plus que d'aller dans l'infanterie le plus vite possible. Évidemment c'est dur et périlleux, mais qu'importe ! les souffrances des nuits passées dans les tranchées sont compensées... Un fusil en mains, avec la satisfaction de pouvoir me défendre, ce

dans le service de Santé, en train sanitaire. On demanda un jour des volontaires pour soigner les contagieux. René s'offrit. Envoyé dans une ambulance de la Marne, il se consacra à sa tâche avec un dévouement absolu, prenant son rôle très au sérieux (1) et tout à fait à cœur (2); heureux quand il pouvait annoncer une convalescence qu'il attribuait un peu à ses soins; tout fier d'écrire aux parents alarmés, que leur fils ou leur époux allait guérir, que bientôt ils le trouveraient rétabli.

T***, le 23 janvier 1915.

Ma chère petite maman,

Le nombre de colis que je reçois depuis deux semaines est ici une stupeur générale, presque de la jalousie.

Avant-hier soir encore, c'était la grosse boîte de thé et hier une lettre du 19, si volumineuse qu'elle tenait lieu de paquet. Aussitôt reçu, aussitôt fait, nous avons goûté ce thé, qui est, ma foi, exquis; et depuis, le matin, l'après-midi, le soir, je bois du thé.

---

qui est énorme au point de vue moral ! Alors, si la Providence me protége, tu verras, ma chère petite maman, comme je reviendrai plus (mot illisible) et plus ferme : je serai un homme tout à fait. Cette fois je me serai battu, c'est mon plus grand désir... Je veux voir et voir beaucoup, je suis jeune, je veux donner à mes camarades un air d'*entrain*; pour cela ils pourront compter sur moi. » (Mercredi 11 novembre 1914, Sotteville-lès-Rouen.)

(1) Placé à la tête du service dans un bâtiment distinct, avec quatre infirmiers sous ses ordres, pour desservir trente-quatre lits, il écrivait le 25 décembre 1914 : « Au moins, ici, il y a de la vie et de l'ouvrage, de quoi ne pas s'ennuyer. Depuis deux jours je n'ai pas eu le temps de t'écrire une carte et presque pas de dormir. Enfin tout ça me plait passionnément. — Le médecin vient vingt minutes par jours, et après c'est moi qui suis roi. » Et le 6 janvier : « Tu connais, d'ailleurs, assez bien mon petit caractère autoritaire pour deviner que je suis beaucoup dans mon élément.

(2) « J'affronte les plus atteints, avec toujours la soif d'en soigner de plus graves » — « Je puis me dépenser largement suivant les besoins du service » (30 décembre 1914).

Je ne me souviens plus très exactement de la carte-vue du château en question, mais çà ne peut être autre chose qu'un grand bâtiment carré, seul château du pays; le mien est en face, c'est une maison en construction, presque terminée. J'ai bien ri hier, car le propriétaire, un gros fermier qui vient tous les jours multiplier ses observations, m'a demandé de faire monter la garde la nuit dehors par mes hommes de garde des malades, afin d'empêcher les gens du village de venir prendre les restants de bois pourri, provenant de la démolition de l'ancienne maison.

Tu penses si je me suis moqué de lui; depuis un mois il pleure parce que nous avons étendu deux brouettées de sable devant la porte, alors que ce précieux petit gravier devait servir pour finir la construction quand nous partirons. Je lui ai répondu qu'il n'avait pas à craindre la faillite du gouvernement.

Les autres lettres de cette période n'offrent guère que des scènes de caractères ou encore ces petits bonheurs de la vie quotidienne et ce pauvre épicuréisme où se reconnaîtra facilement tout soldat. Le plaisir de « s'enfermer dans une bonne capote bien chaude », ou de découvrir une cressonnière. Un jour, c'est un lot de tabac fin qui arrive et qui permet de faire autour de soi des générosités princières. Ou encore à force de diplomatie l'on a pu faire cuire un gâteau des Rois chez l'habitant, et l'on arrose avec du café « fortement alcoolisé ». On va à 5 kilomètres entendre la messe de minuit dans un petit village : « Des artistes de l'Opéra Comique ont chanté. On s'est bien amusé. » Maigre, on le voit, est alors la piété, maigre aussi la charité fraternelle dans les conversations. Comme il arrive souvent entre militaires le manque d'idées générales, aggravé par la disette de nouvelles, fait que l'on se rejette sur les pauvres absents. « On discute le soir avec des camarades sur les défauts des uns et des autres, raconte René, et l'on en arrive à tout tourner en mal. J'espère bien que cette mauvaise habitude me passera. Dès que la guerre sera finie, je tâcherai d'y remédier. »

Tombé malade à force de dévouement, le brave enfant fut envoyé à Paris pour recevoir des soins spéciaux. On craignait des coliques néphrétiques. Il eut la chance de tomber à l'hôpital Saint-Joseph, cette merveille de la charité catholique, bâti jadis malgré les années de persécution et de spoliation. Il a des émerveillements d'enfant ou plutôt de soldat évacué : « Si tu voyais ce luxe, un lit à ressorts très souples, deux draps de dessous, deux oreillers, des chemises propres tous les jours si l'on veut; quant à la nourriture, si un mets ne plaît pas, on donne autre chose. » Pour le soigner, une célébrité médicale.

Ce fut pendant ce séjour à Paris que Dieu plaça sur sa route la douce apparition de celle qui prit son cœur et lui donna le sien. Nous l'entendrons souvent maintenant nous parler de Mad..., de sa chère petite reine, comme il se plaisait à l'appeler. Cet amour fut pour lui une sauvegarde morale et l'étoile où allaient s'orienter tous ses rêves humains. Nous le verrons plus tard résoudre avec cette liberté d'âme et cette sérénité que connaissent seuls les chrétiens le délicat problème de concilier cet amour, de plus en plus profond, avec les grands sacrifices que Dieu lui demandera, y compris le sacrifice suprême.

Envoyé à Bellac en juillet 1915, la vie de dépôt lui pèse (1). Il trompe l'ennui en faisant force anglais et force gymnastique. Il s'entraîne par de longues marches où il demande aux « bleus » leur sac pour le porter. Il évite la compagnie des plus grossiers et recherche la société des soldats instruits. Enfin, grande nouvelle ! Il fait partie d'un renfort envoyé au front pour l'attaque de septembre. « Si tu savais comme nous sommes heureux, transportés de joie ! Toute la journée nous chantons et dansons sur un pied. Il n'arrive jamais que ce qui doit arriver, voilà pourquoi il faut toujours être gai. » Et il part tout en bleu horizon, même les molletières, et avec une paire de chaus-

(1) Depuis trois jours, je suis chef de chambrée de vingt hommes..., ce ne sont pas de mauvais garçons quand on sait les prendre: mais tous les soirs je dois me gendarmer, car ils rentrent ivres. Alors ce sont des scènes d'horreurs sans nom, et qui après beaucoup de tapage finissent par des déglutitions nocturnes sur leur paillasse. C'est le régiment en plein, comme tu le vois, et c'est le milieu dans lequel je vis. A ces moments écœurants, tu ne peux te figurer comme je pense alors à la maison, à la famille, à ma petite chambre, à ma petite Mad... Toutefois, j'en ai déjà tant vu !... Puis il plaisante son écriture « aristocratique » (2 août 1915).

sures en box-calf ! N'avait-il pas écrit six mois plus tôt : « Le but de ma campagne : me rendre utile et voir du nouveau chaque jour dans son angoissante et passionnante incertitude.

Le 4 mars 1915, son frère François faisant partie du 18e bataillon de chasseurs à pied avait disparu à Mesnil-les-Hurlus. L'incertitude poignante rendait René plus attentif et si possible plus affectueux pour les siens. Le 9 août il écrit à sa mère : « Que les baisers de ton petit René te soient une consolation et ses caresses un oubli des tristes moments que nous traversons. Particulièrement aux heures pénibles je suis ton petit qui redouble d'affection pour sa chère maman. »

Le 11 août : « Petite maman chérie, Joseph me communique une pénible lettre qui ne peut laisser de doute et met un terme aux espoirs que nous nous plaisions à rechercher dans les faits les plus incertains. Pourquoi, deux années de suite, ta fête est-elle troublée par de si lourdes croix? Petite mère bien-aimée, c'est hier que j'ai appris la terrible nouvelle et je n'ai pu m'acquitter de mon triste devoir le jour même en venant te consoler. Aujourd'hui je rassemble mes idées. Une des dernières lettres de notre pauvre François à la veille de retourner au feu après sa blessure contenait cette phrase que j'ai inscrite en lettres d'or au fond de mon cœur : « Si le destin « voulait que je ne revienne pas, à toi mon cher René je demande « d'être mon affection près de chacun et surtout de maman, « mais j'espère que tu n'auras pas à le faire. » Hélas, si; il le sentait, il le savait et se préparait par quelques jours de retraite et de prières, et à la veille du sacrifice au champ d'honneur il me disait pour la toute dernière fois : « Prie beaucoup « car les obus font rage autour de moi au point que je doute de « finir de t'écrire. » Il a bien fini puisque sa carte m'est parvenue; mais le lendemain le Maître suprême le rappelait à Lui, jugeant qu'il avait accompli sa course sur la terre. Les sentiments chrétiens dans lesquels tu nous as élevés nous font supporter l'épreuve que nous traversons et sont pour toi comme pour nous une consolation, car il est mort en priant. Nous avons donc le doux espoir de le revoir un jour au ciel. Maintenant, maman chérie, jamais, je suis sûr, tu n'as douté de mon affection; mais, pour accomplir ma promesse, je redoublerai, s'il est possible, mon amour et ma tendresse pour toi, et l'enfant qui est allé rejoindre beaucoup des nôtres là-haut demandera des grâces particulières à Dieu pour sa chère maman. Les bénédictions célestes t'envelopperont et ton tout petit sera par ses efforts ta consolation et ta joie. Ses baisers affectueux ne tariront jamais ! »

(Calvaire-Louison, près de Bavincourt, sur la route de Doullens à Arras.) Lundi matin, 20 septembre 1915.

Chère petite mère,

Après de longues heures en chemin de fer et une grande marche, nous sommes arrivés à 15 kilomètres d'une grande ville (Arras) et je ne suis plus qu'à une centaine de kilomètres de toi. Le canon fait rage, et là où nous sommes, personne ne peut sortir du cantonnement de crainte d'être vu par la lorgnette ennemie ou d'être répéré par les avions. Nous jouissons d'un spectacle splendide, la censure exige que je supprime les plus beaux détails, mais par exemple le tir aux aviatiks est de toute beauté, nous en avons parfois deux ou trois par heure.

Nous couchons sous nos petites tentes portatives, que nous dissimulons sous des pommiers. La nourriture est très bonne et abondante. Nous sommes des oiseaux sur la branche et pouvons partir à tout instant.

Surtout ne te tourmente pas, tout ira très bien.

La division où venait d'être envoyé René était une vaillante division bretonne et vendéenne. Bien que composée principalement de territoriaux, elle avait fait dans ces parages, il y avait juste un an, la « course à la mer », s'était battue à Hébuterne, Beaumont-Hamel, Fonquevillers, puis s'était creusé des tranchées, immédiatement au sud d'Arras, et y restait accrochée, depuis douze mois, entre Agny, face à Beaurains, et Berles, face à Monchy-au-Bois, adoptée successivement par les différents corps d'armée qui venaient défendre Arras. Le 25 septembre 1915 elle devait appuyer le 9e Corps et partie du 1er corps, qui allaient entreprendre une meurtrière et infructueuse attaque. René avait trouvé son groupe bivouaquant sur un plateau au sud d'Arras, d'où l'on dominait non seulement les lignes françaises et allemandes, mais

encore le théâtre des grandes opérations de mai, le Labyrinthe, les Ouvrages blancs, les Tilleuls, Thélus, Neuville-Saint-Vaast, la Targette, Notre-Dame de Lorette.

Mardi midi, 21 septembre 1915.

Bien chère petite mère,

Étant loin de toi, après mes lettres qui t'ont dit mon départ et mon arrivée au front, je voudrais pouvoir trouver les mots justes, qui mettront dans ton cœur le calme, qui te feront comprendre combien, tous ici, nous sommes heureux et vivons dans une sérénité parfaite. Aujourd'hui, que le temps me le permet davantage, je vais t'expliquer l'emploi de notre journée, tout au moins pour les deux déjà passées ici.

Figure-toi une bande de bohémiens, campant sous la tente. Il y en a, à l'ombre des pommiers, une dizaine sous lesquelles on peut mettre sept à huit hommes; pour sommier, on a un peu de paille, pour oreiller, son sac, pour couverture, un couvre-pieds que l'on emporte toujours enroulé sur le sac, puis sa capote.

Tu vois, le lit et la maison sont vite montés. Somme toute, le confortable serait plus grand dans un vrai lit, mais malgré cela, tu ne peux te figurer le plaisir et la joie que nous avons à rentrer à quatre pattes dans notre maison. Alors donc dès la tombée du jour, nous nous installons, c'est-à-dire vers les 7 heures et demie, et très vite le sommeil nous gagne, et c'est vers 5 heures et demie que le matin nous nous levons pour nous remuer un peu. Un excellent café nous est servi, avec lequel nous mangeons une, deux ou trois grosses tranches de pain. Naturellement, pendant ce temps nous causons, tandis que des esprits plus éveillés cherchent les calembours ou les farces.

Enfin on fait sa toilette à grande eau, car nous avons encore la chance d'en trouver.

Après, il y a des petites corvées multiples, tel que l'épluchage des pommes de terre, de l'eau à puiser, le café à moudre, etc. Ainsi, jusque vers onze heures; à ce moment un exquis repas nous est donné. L'après-midi on continue les corvées, ainsi jusqu'au repas du soir à 5 heures et demie, et c'est tout.

Eh bien! crois-tu que nous soyons bien malheureux à ce sport en plein air? Ce matin nous avons bien ri d'une aventure arrivée à un pauvre camarade peu dégourdi. Celui-ci fait partie d'une escouade de huit qui est à 3 kilomètres, au poste de secours.

Alors donc qu'il était désigné pour venir ici chercher le jus à 6 heures du matin, ne lui a-t-il pas pris fantaisie de se tromper de route (c'est une façon de parler, car il n'y en a pas, c'est à travers champs), et d'aller tout droit dans les lignes boches. Heureusement qu'à peu de là un officier complaisant l'a arrêté et ramené à son point de départ.

Il était alors 10 heures et les autres attendaient et attendent encore leur café du matin. Voilà nos divertissements, qui certes ne manquent pas de charme et d'hilarité.

Je n'ai pas encore eu de lettres depuis mon départ, mais j'espère que ce sera bientôt. Il ne me manque que cela.

René.

Mercredi, 4 heures, 29 septembre 1915.

Petite mère chérie,

J'ai été relevé de ma garde dans ma casemate à midi.

Me voilà à peine revenu que je suis comblé de joie par ta lettre du 26, ton colis et une belle lettre de Mad... datée du 21. J'ai bien vite lu tout mon courrier et j'ai trouvé la belle rose qui sent encore bien bon. Je l'ai mise dans mon porte-feuille dans le casier spécial avec mes billets, car je la garde comme un trésor. Elle me parle beaucoup de toi, de la maison, et puis elle m'apporte tes baisers et tes tendresses. Après j'ai ouvert la lettre de ma petite qui est déjà ancienne, mais ce sont pourtant les premières nouvelles depuis mon départ de Bellac.

Le temps s'est mis à la pluie et les terrains sont détrempés. Tout est calme, aucune attaque; à peine quelques obus sur nos têtes et qui vont tomber à plus d'un kilomètre plus loin. Il n'y a plus de danger; tout est si calme même que nous parlions tout à l'heure de quitter le pays pour un autre endroit.

Soyez très tranquilles. Les lettres du soldat arrivent toujours fermées.

René.

Les attaques de septembre n'ayant pas atteint leur objectif, on dut se disposer à passer encore un hiver sur place. Ce fut l'affreux hiver pluvieux 1915-1916. La division dont René faisait partie dura encore quatre mois et demi, dans ses tranchées d'Artois.

Lundi, 1er novembre 1915.

Petite maman chérie,

Dehors il pleut toujours et je ne puis trouver de bois sec pour confectionner un feu de campagne sur deux briques.

Aujourd'hui, jour de la Toussaint, malgré la pluie et le temps sombre, je suis gai, et je m'aperçois bien qu'il y a quelque chose qui n'existe pas d'ordinaire, c'est la fête que nous célébrons (1). Hier et aujourd'hui j'ai communié pour obtenir les grâces et les bénédictions divines; demain encore, je ferai la communion pour notre pauvre disparu, peut-être attend-il impatiemment mes prières, et plus spécialement ce jour je ne veux pas l'oublier. Aujourd'hui, à la messe militaire de 9 heures et à la grand'messe de 10 heures et demie, nous avons formé une chorale; tous les chants ont été bien réussis, je suis sûr que les gens du village n'en avaient jamais entendus de pareils.

Pour la question de Serbie, si tu tiens absolument à ce que je ne m'en aille pas, je resterai ici, mais, pour moi, j'aurais préféré voir du pays.

---

(1) A vrai dire, du fait de l'âge et du tempérament, c'est toujours la note joyeuse : « Je suis très content, écrit-il un jour. Tu vas me dire que je le suis toujours, c'est un peu vrai, mais aujourd'hui je le suis particulièrement. » Sa correspondance est parsemée de formules comme celles ci : « Tout ira toujours fort bien. » « Je n'attends plus que du bonheur. » » Quoi de mieux pour le moment que de t'écrire que ton petit est content et la joie sur les lèvres. » « Jamais je ne te dirai assez combien je suis heureux. » « J'ai une mine réjouie comme je n'ai jamais eu. » « Je chante toute la journée. » « Décidément, je suis trop gâté. » « Je suis heureux comme un roi; le cœur toujours en fête. »

Il est vrai que la guerre, là-bas, finira par les tranchées, et que, comme différence, je souffrirai en plus de l'éloignement et peut-être aussi de bien des privations; si je n'avais pensé qu'à moi, j'y serais déjà bien parti comme volontaire, mais je préfère suivre tes désirs et te faire plaisir.

(Wailly) (1), vendredi 12 novembre 1915.

Petite mère chérie,

Je suis arrivé à mon poste à 6 heures ce matin; réception charmante par un médecin que je connais. Je suis très content. Dans le village, il n'y a plus une seule maison debout. Nous utilisons les caves dans lesquelles nous avons fait des brèches. Les murs qui sont debout sont de vraies écumoires. Je suis à un kilomètre des Boches et les tranchées de première ligne se regardent à 25 mètres.

Je suis admirablement bien, seulement il faut être prudent et ne pas trop sortir à découvert. Dans quelques jours, nous serons princièrement installés avec les objets que le bombardement a laissés; ils sont rares. Il n'y a pas un civil, nous sommes les maîtres.

---

(1) La 88e division occupait le secteur d'Agny à Berles. Plus on montait vers le Nord, moins le secteur devenait bon, et plus aussi les tranchées rivales étaient rapprochées. Wailly, dont il est ici question, jadis localité de maraîchers et de « coquetiers » qui approvisionnaient le marché d'Arras, était maintenant un pauvre village tout démoli à quelque 300 mètres des lignes. « Sur les murs formant façade du côté des tranchées, écrit René, il y a des millions de trous de balles. Le ravitaillement se fait la nuit; les voitures arrivent avec précaution derrière les murs encore debout, et là, les hommes désignés viennent prendre les vivres et les transporter à travers les boyaux. »

Ce sera désormais ainsi pour tout l'hiver, la vie en secteur stabilisé; le poste de secours, avec son « plafond en rondins accolés, recouverts d'un bon mètre de terre », mais qui laisse filtrer l'eau; et à l'intérieur son faux luxe d'objets disparates, disputés au bombardement : « Garniture de cheminée à franges, porte-manteau », *parfois fauteuil* Voltaire. Spectacle moins réjouissant les familles de rats, « qui ont en moyenne, nous dit notre correspondant, de 35 à 40 centimètres. « Puis, c'est la vie en casemate, l'attente du courrier, la construction d'un pare-balles pour se dégourdir; les nuits « dans un gros sac à grains, avec de la paille » : « Tu ne saurais croire combien cela tient chaud. Il n'y a que les ressorts qui manquent, et la liberté des mouvements. » Puis de temps en temps ce sont les relèves à 4 ou 5 kilomètres à l'arrière où l'on peut chanter, se dégourdir les jambes, ce dont tant d'organismes jeunes étaient si privés dans la guerre de tranchées; acheter au village voisin, « pour six sous de pain blanc, quelle fête ! Mais ça n'a pas fait long feu ! » Après un long séjour en ligne, il s'extasie comme tous ses camarades sur la moindre bicoque qui lui semble un palais. Il prend la petite église de B rly « pour une cathédrale ». Et puis c'est « le cantonnement chez les braves gens bien élevés où en causant et en prenant le café on se délasse un peu l'esprit et le cœur... Mais surtout c'est la joie de goûter quelques instants de solitude. Ce sont les lettres aimées qui arrivent avec le courrier. Alors « il quitte la table, ayant envie de pleurer, et s'en va les lire dans les champs ».

Samedi soir, 20 novembre 1915.

Petite mère chérie,

En revenant de ma longue promenade, je trouve tes lettres. Sois tranquille sur mon compte, je ne te cache rien, la Providence me protégera. Ainsi, encore, tout à l'heure, un obus a éclaté juste sur la route où je devais passer; pour comble de bonheur, j'ai été retardé à attendre un de mes hommes pendant deux minutes, sans quoi, j'étais juste sous l'obus de 77. Tu vois que je suis protégé.

Quant à la blessure, s'il m'arrivait quelque chose,

tu peux te tranquilliser, car j'ai donné ton adresse à un camarade en le prévenant de t'écrire de suite.

Petite mère chérie, il est 8 heures et demie et j'ai les yeux qui se ferment, je te dis bonsoir, et t'envoie ainsi qu'à ma grande Marthe les plus affectueux baisers de ton petit

RENÉ.

Mercredi soir, 1er décembre 1915.

Petite mère aimée,

Aujourd'hui, le train postal n'est pas arrivé au secteur, c'est rare; malgré cela, j'ai tout de même la joie d'avoir tes deux lettres des 26 et 27.

La seconde me fait encore plus plaisir, car elle me fait lire celle que ma petite reine t'a adressée. Vraiment c'est une petite enfant charmante sur laquelle je puis compter. Oh ! si tu savais comme maintenant je suis content, je me laisse vivre sans souci, étant certain d'avoir le bonheur plus tard.

Une lecture m'a permis de me remettre complètement en place. Cette phrase que j'en ai détachée est belle et juste : « Rien de beau, rien de grand, rien de durable sans la douleur; les choses belles coûtent toujours ce qu'elles valent et la destinée, à qui il faut les acheter, n'accepte en paiement que la souffrance. L'homme n'est vraiment un homme que par la douleur; tant qu'il n'a pas souffert, il reste un enfant. »

Tu vois, petite mère, en comprenant de pareilles thèses, on devient fort, philosophe, résigné à son sort et content de tout.

(Monchiet, près de Beaumetz-les-Loges),
Mardi soir, 7 décembre 1915,

Un des deux aumôniers du groupe a un très beau choix de livres; je n'avais pas encore songé à puiser dans cette bibliothèque qui est à notre disposition, aujourd'hui j'ai choisi un volume, et j'en ai déjà lu la moitié tant je suis content; çà me change les idées et me fortifie énormément le moral (1).

Ce soir je suis très gai, et il me semble entrevoir la vie sous un autre aspect, c'est un peu comme si je me trouvais près de toi, dans la douce sérénité de notre vie de famille.

Demain, c'est la fête de l'Immaculée Conception, je vais aller communier pour demander à la Sainte Vierge..... (la fin de la lettre manque).

Vendredi, 10 décembre.

Bien chère maman aimée,

Je reçois ta lettre du 5, je l'ai lue et relue depuis midi, car elle me dit si bien ton âme ma chère maman, qu'il me semble être près de toi, à écouter docilement tes bons conseils. C'est vrai, la vie est bien faite d'alternatives de bons et de mauvais moments, voilà pourquoi je tremble un peu pour plus tard; je suis trop heureux pour l'instant pour être encore heureux après cette guerre.

---

(1) Un autre jour il écrit : « Je me distrais surtout par la lecture, c'est un réconfortant puissant. » Dans une autre lettre, il note qu'il a lu du Coppée, les ouvrages de l'abbé Moreux, le *Sens de la Mort*, de Bourget, ainsi que le *Démon de midi.*

En tout cas je suis trempé pour apprendre les choses les plus décourageantes sans qu'elles semblent m'atteindre. Je suis toujours prêt à prendre une décision énergique et à relever la tête en disant : qu'importe, je ne suis pas vaincu ni abattu; il me reste encore telle et telle chose à pouvoir faire; et soutenu par cette idée, je suis heureux. Une seule chose me peine, c'est de ne pouvoir te remplacer et t'éviter les fatigues incessantes auxquelles tu t'astreins encore pour moi.

Mais le jour où il me sera permis de te remplacer, alors ma joie sera à son comble, c'est ce que je demande souvent dans mes prières.

Tous les jours j'achète un litre de lait; je le partage avec des camarades lillois.

(Monchiet), dimanche soir, 12 décembre 1915.

Petite mère,

J'ai passé une journée délicieuse dans mes sabots, j'ai eu bien chaud. Je vais les porter deux jours pour faire gonfler le bois avant de faire mettre une semelle de cuir et des clous pour ne pas glisser.

Demain, commence un triduum à l'église, je communierai les trois jours à la messe de 6 heures avec intention spéciale pour vous deux et ma petite reine. Demain aussi, nous commencerons la répétition de chants pour Noël (1).

René.

---

(1) « Pour Noël on m'a demandé de chanter un magnifique solo d'une cantate; la musique est demandée à Paris; deux violons m'accompagneront: il y a un passage pour voix de basse qui sera chanté par mon sergent qui a une voix superbe, et qui dirige plusieurs sociétés de chant. » (4 décembre.)

Samedi, 18 décembre 1915.

Petite mère chérie,

Tu connais ma promptitude, mon caractère et je reconnais que j'ai agi comme un enfant sans réflexion; et puis, mon intention était sans doute meilleure que l'exécution; je regrette maintenant d'avoir écrit au milieu d'une assemblée bruyante et sans relire, j'ai dû écrire des bêtises, ma plume n'a pas suivi ma pensée et je ne sais que faire pour réparer.

Tu me dis, pourquoi n'as-tu pas réfléchi avant de commettre une pareille inconséquence??? A ceci, je ne puis rien te répondre, je lève les épaules naïvement sans savoir quoi dire!!! J'étais sans doute énervé, et pour me soulager, comme pour alléger ma conscience, j'ai écrit!!! Mais quoi... je me le demande : en tout cas, si j'avais dépeint mon état d'âme juste, jamais je n'aurais causé de chagrin à ma petite reine si gentille et à ma maman chérie toujours si bonne. Je n'ai pas été compris, car je me suis mal fait comprendre.

Petite mère chérie, ne me garde pas rancune de mon manque d'expansion à ton égard, j'ai été enfant, et comme tel, repentant, je n'en demande que plus de caresses et d'affection.

Je sais que tu me les donneras, puisque déjà tu me l'affirmes, et puis ton colis reçu aujourd'hui me le prouve encore.

Toujours des gâteries, la pipe, le tabac, le saucisson puis le chocolat. Combien je t'en remercie; et certes l'acte de tant de bonté a pu adoucir le chagrin que j'ai éprouvé en comprenant celui que je t'ai fait ainsi qu'à ma petite reine

Alors, ma maman chérie, tu pardonnes à ton petit qui t'aime toujours de plus en plus, et qui ne veut vivre que pour ton bonheur d'abord et celui de petite reine après, parce que je vous donne mon affection pure, telle qu'elle sort de mon cœur (1).

RENÉ.

Lundi, 20 décembre 1915.

Bien chère petite maman,

Je suis très content de te lire aujourd'hui, car tu comprends que j'aime ma petite reine par dessus tout. Tu as raison de me dire que j'ai fait là une confidence maladroite, mais tout ce que je fais est comme cela, surtout maintenant, il me semble, à tort sans doute, que quand on à l'âme droite, on peut tout dire, on gagne toujours à être naturel. Maintenant, pour ma pondération future, c'est une leçon, je calculerai mes mots, tout en étant toujours loyal et juste.

22 décembre 1915.

Oh ! ma petite mère chérie, que tu m'envoies des lettres consolantes ces jours-ci ! J'aime à les lire et

---

(1) Le petit caporal avec son air martial et pas toujours commode, écrivait à sa maman des lettres délicieuses de candeur et d'abandon: « Ton petit enfant », signe-t-il parfois. Nous devrons nous priver de reproduire les plus exquis peut-être de ces témoignages d'affection.

Il avait vingt-cinq ans, il connaissait la vie, et il avait passé l'âge ingrat et sot où d'autres croient faire preuve de virilité en mésestimant les affections de famille, en prodiguant parfois à un père, à une mère des marques de froideur. Tristes sujets de remords pour plus tard...

les relire, et chaque fois j'y découvre une parole plus douce, une affection plus tendre, et alors mon cœur chante de joie, parce qu'il est heureux de se sentir aimé infiniment par sa chère maman. Alors il ne me semble plus être en guerre, les canons deviennent pour moi des jouets d'enfants, les horreurs de cette pénible campagne disparaissent devant l'avenir si beau qui s'ouvre devant moi. Oui, maman, mon seul désir est de te voir toujours heureuse plus tard, puisse mon rêve se réaliser puisque c'est le tien aussi; ma petite Mad... sera une enfant qui saura t'aimer beaucoup, j'allais dire peut-être plus que moi, car, avec son cher petit cœur d'or, il me semble qu'elle est incapable de faire de la peine à quelqu'un : tandis que moi, pauvre petite mère, j'ai un caractère si bizarre que forcément, sans le vouloir..., — mais n'empêche que je le fais tout de même, — je creuse dans les cœurs qui m'aiment des sillons de douleurs. Oh ! comme j'en souffre quand je m'en aperçois; mais n'importe ! je ne puis m'en corriger, car j'ai mes défauts comme tous les autres, et je retombe, hélas ! trop souvent dans ces inconséquences dont je me repens sitôt commises.

Quand j'entrevois l'avenir, je ne me propose rien de si doux que de se trouver réunis le soir au moment de la prière pour remercier Dieu des grâces accordées et en demander tant et tant d'autres encore. Voilà, petite mère, comment je serai plus tard, grâce à ton exemple et tes conseils incessants; et comment j'aimerai ma Mad..., parce que tu m'auras appris à l'aimer et à l'apprécier.

Petite mère, moi aussi je te souhaite une bonne fête de Noël; j'aurai le bonheur d'assister à la messe de minuit, je ne t'oublierai pas certes, ainsi que ma grande Marthe, toute la famille sera au fond de mon cœur que je déposerai au pied de la crèche.

René.

(Monchiet), dimanche soir, 26 décembre 1915.

Ma petite maman,

Noël est passé. La messe de minuit a été belle malgré les chants qui ont été faibles parce que si certains artistes étaient à jeun, d'autres ne l'étaient pas . L'église était trop petite et les chantres se serraient dans un coin du chœur; et là, bien près de l'autel, combien il m'a été facile, petite mère, d'y déposer aisément tout mon cœur pour toi, ma grande sœur et ma petite reine. Après la messe, chocolat et pain beurré, puis nous nous sommes couchés raisonnablement jusqu'à 6 heures et demie. La grand'messe a été très bien chantée à 9 heures. Un lieutenant de régiment, père jésuite, nous a fait un sermon splendide qui a été très apprécié. A 2 heures, vêpres et salut, et voilà la belle fête passée. La soirée s'est terminée par un joli dîner et à 9 heures nous nous sommes couchés sans nouveaux chants : nous étions tous fatigués...

Petite mère chérie, je voudrais que ce soit moi qui arrive bon premier pour t'offrir mes vœux; en tout cas, je prierai de tout mon cœur d'ici la fin du mois pour ceux que j'aime; je prierai pour que l'année prochaine ne finisse pas sans que les mariages projetés nous donnent le bonheur et que bien vite des petits filleuls viennent faire le tien. Je sais que tu prieras beaucoup aussi en ce sens et l'union de nos cœurs montera comme une gerbe jusqu'au ciel.

Bonsoir, ma petite maman chérie et ma grande Marthe, votre petit vous embrasse très affectueusement de tout son cœur.

RENÉ.

Jeudi soir, 30 décembre 1915.

Le petit mouvement du secteur, assez tranquille, continue de jour en jour, et seul l'en-tête de nos lettres nous fait savoir que le 1er janvier arrive, et passera bientôt, sans remarque spéciale, comme un jour ordinaire, banal.

Seuls, nos souhaits de voir vite la paix et le repos arriver, nous feront dire que l'année est changée. Moi, j'ai grande confiance en cette année 1916, car j'ai toujours eu quelque chose intérieurement qui m'a dit que *ce serait pour moi l'année heureuse...* Je prie incessamment pour cela, et je serai récompensé, car il est dit : « Demandez et vous recevrez... »

Je ne sais pas encore l'attitude que j'aurai envers celle qui acceptera d'être ma compagne, mais certainement la meilleure façon de vivre heureux, c'est de s'aimer avec une grande délicatesse de sentiments, de cœur et d'âme. Surtout si c'est ma petite reine, car il me semble qu'elle est si douce, qu'avec elle je ne saurai avoir de discussions, et le calme dans le ménage, c'est l'idéal pour le bonheur des âmes et le bon exemple des enfants.

Vendredi soir, 31 décembre 1915.

Très chère petite maman,

Ce soir, en revenant de notre petite église, où j'ai assisté au salut, je regardais le ciel; des millions d'étoiles scintillaient, et la contemplation de cette splendeur, la veille d'une année nouvelle, me faisait entrevoir celle-ci souriante et belle, malgré son début douloureux.

Dimanche soir, 16 janvier 1916.

Bien chère petite maman,

On ne peut se faire une idée du mauvais temps et de ses conséquences sur les tranchées. Quand je suis revenu, j'avais de la boue liquide jusqu'à mi-corps. Grâce à mes molletières de cuir, la boue est un jouet à enlever, je les lave à grande eau, puis les graisse après; mais les vêtements ce n'est pas la même chose, aussi on ne prend pas souvent la peine de les brosser.

D'après mes projets, je passerai d'abord cinq jours de permission près de toi et un près de ma petite reine; tu penses bien que je ne voudrais pas me présenter aux parents avec ma barbe, car cela me vieillit un peu et me donne une tête à caractère. Ce qui augmente l'énergie expressive de mon visage, ce sont les cheveux que je repousse en arrière de la tête, çà ne me va pas trop mal, et c'est plus pratique pour me coiffer.

Tu ne peux croire comme je suis privé de ne pas pouvoir chanter toute la journée.

Lundi, 17 janvier 1916.

Bien chère petite mère,

Elles sont fatigantes ces journées, me dis-tu ! C'est vrai, mais combien il serait agréable et stimulant de se trouver avec des gens sensés et intellectuels. Toute la vie, surtout depuis que je la comprends mieux, j'ai recherché particulièrement les lettrés et les esprits supérieurs par leur conception ou par leur cœur, et rarement j'ai eu la satisfaction de les rencontrer.

Somme toute, j'ai de bons camarades, qui peuvent avoir des qualités, mais ce n'est pas cette distinction que je recherche. D'ailleurs, vivant à la même table et couchant sur la même paille que tous, si un quelconque veut sortir de l'ordinaire, de suite il se fait critiquer et traiter de tous les noms. Le rôle de chacun est très ingrat, mais particulièrement de ceux qui sont les mieux élevés, car il est rare de rencontrer des gens vulgaires qui essaient de se relever, et pour vivre en bonne intimité, c'est le sensé qui doit plier, afin d'atteindre un peu le niveau inférieur (1).

Mardi, 18 janvier 1916.

Petite mère chérie,

Il faut s'aider d'abord, puis se laisser aller à la volonté céleste.

(1) « J'évite autant que possible les rustres pour profiter des meilleurs. » (Lettre du 28 juillet 1915.) Un an plus tard, transplanté dans un autre milieu, il remarquera joliment que les très braves gens avec lesquels il vit « n'ont pas l'esprit *extensible* : par contre, peu critiques et souples au commandement. Chaque milieu à ses difficultés, ajoute-t-il en philosophe. »

Toujours rien de notre départ, mais je crois que dans une huitaine il y aura du nouveau, car d'après les bruits, les Anglais viendront prendre notre place le 15 février.

Samedi, 22 janvier 1916.

Pour le départ, on ne sait rien, sans doute ne nous déplacerons-nous que de quelques kilomètres vers notre gauche; si cela est, ce ne sera guère mieux, car le secteur devient de plus en plus mauvais à mesure que l'on avance dans ce sens. Maintenant ce sont des on-dit; donc, ne nous basons pas là-dessus.

Quand je n'ai rien à faire, je m'occupe en lisant les livres que je me procure chez l'aumônier. Par la lecture je sors ainsi du milieu qui, chaque jour, me rendrait plus ignorant et plus vulgaire. C'est une douce consolation que d'avoir une heure pour élever ses sentiments jusqu'à la dignité où l'on voudrait vivre si la guerre n'existait pas. Je voudrais beaucoup causer avec l'aumônier, mais il n'est presque jamais là, il est toujours dans les régiments.

J'ai pris un superbe hérisson, je l'ai envoyé à une jeune fille pour lui faire une farce, mais sans dire que c'était moi, car elle est peu recommandable et je ne veux avoir aucun rapport avec elle. Voilà le résumé de ma journée qui a été bonne.

Le 23 janvier 1916.

Chère petite mère,

C'est aujourd'hui dimanche, aussi j'écris sur mon beau papier.

Le temps a été splendide, un peu froid sans doute,

mais une vraie journée de printemps. Les taubes en ont profité pour venir tacher notre beau ciel, et nous donner le plaisir de voir les tirs de nos chers 75 leur donner la chasse ou chercher à les atteindre. Malheureusement, des centaines d'obus ont été dépensés sans résultat réel. A quelques kilomètres d'ici, un de ces vilains oiseaux a laissé tomber trois bombes, mais sans autre résultat que le labour d'un champ à l'entrée d'un village. Il me semble que les premiers rayons de soleil donnent à l'âme un renouveau de vie, un espoir plus grand et plus beau en l'avenir. De chaque poitrine s'échappe un soupir comme pour interroger les mois qui vont être ceux de cette année, comme pour leur demander si un de ceux-ci verra enfin la glorieuse victoire qui ne fait pas de doute pour les cœurs bien nés, mais qui malgré tout est longue, bien longue à venir. Pour nous, croyants, notre devoir surtout est de prier; qu'importent les armes; le coup de fusil fera une victime de plus ou de moins, mais ne terminera pas le fléau venu de Dieu; tandis que nos supplications ferventes toucheront bientôt, j'espère, le Ciel qui nous châtie.

(Monchiet), mardi 8 février 1916.

Chère petite mère,

Le temps est horrible, il pleut à torrents, les tranchées doivent être dans un bel état ! ! !

Ici, on fait prendre des mesures à la population civile pour la prémunir des gaz, on craint une attaque générale sur tout le front par les gaz.

En conséquence, prenez-bien vous aussi, les mêmes

précautions. Ayez toujours deux ou trois litres d'hyposulfite dissous d'avance et à portée d'un linge tampon, pour vous l'appliquer sur le nez et la bouche en cas de besoin.

Jeudi, 10 février 1916.

Bien chère petite mère,

Je n'ai pas encore la photo de ma petite reine, mais ce sera bientôt j'espère, comme c'est long ! Heureusement j'ai eu le plaisir de lire une grande lettre de toi du 7, çà me distrait un moment, puis après la lecture, je médite bien des choses, et songe davantage à la maison..

Oh ! j'avoue que parfois j'en éprouve une certaine tristesse, comme une lassitude de me trouver si longtemps éloigné de cette sérénité bienfaisante de ta compagnie, de ton exemple, de tes conseils; mais, enfin, mon caractère allègre prend bientôt le dessus, et je fais contre mauvaise fortune bon cœur. Je chante pour dissiper ces pensées qui ternissent les beaux jours et me voilà à nouveau gai comme le pinson.

Le départ est fixé au jeudi 17 au plus tard; les autos transporteront toutes les troupes. Nos braves Tommy circulent déjà dans la contrée pour prendre la place que nous leur laissons.

Nous allons au repos pour une période de vingt jours, paraît-il. C'est peu, nous nous attendions à davantage.

Samedi, 12 février 1916.

Très chère petite mère,

Sera-ce bien un repos que nous aurons? Hélas, je prévois que non : nous serons à l'abri des balles et des obus, mais c'est tout. Le repos consiste à aller à l'arrière, mais on est ennuyé à tout instant par des exercices, des théories et des corvées.

Il y a toujours des choses extraordinaires qui se passent. Figure-toi qu'il y a deux jours, les Boches nous ont crié le jour et l'heure de la relève par les Anglais, et pour les empêcher, ils bombardent sans répit; il y a eu déjà des tués parmi nos alliés; il arrive de l'artillerie qui était de votre côté, vers Ypres; malheureusement, on ne se comprend pas, et puis, ils sont pressés et marchent au grand galop.

Dimanche, 13 février 1916.

Très chère petite mère,

Je suis ravi, j'ai reçu deux jolies petites photos de petite reine, une en pied, très mignonne, souriante, naturelle, l'autre en buste, devant une barrière, mais moins bien, on dirait qu'elle est à la « barre », elle est soucieuse, je l'aime moins. Malgré tout, je l'ai regardée déjà cent fois depuis midi. Bonne petite, comme c'est bien elle, avec toute sa gentillesse, son petit air mignon; j'aime son bon petit cœur de m'avoir fait plaisir dès que je lui ai demandé sa photo.

Je vais un peu mieux; heureusement la route à pied ne sera pas longue.

Le groupe de René fut au repos à Maisoncelles près d'Azincourt, dans la région d'Hesdin (Pas-de-Calais). C'est de là que René alla en permission. Il rejoignit sa division, qui pérégrinait à travers la Somme et l'Oise, dans la région de Poix.

Le Hamel-Rieux (Oise), jeudi soir, 4 heures, 9 mars 1916.

Chère petite maman aimée,

Je te remercie beaucoup de tes bonnes lettres qui me font du bien dans la dépression morale d'un retour de permission; malheureusement, je ne pourrai t'en écrire autant, je rentre d'une marche de 22 kilomètres, et suis un peu fatigué comme tu le penses; tous les jours nous changeons de cantonnement.

Justement, c'est-à-dire demain ou après-demain, nous embarquerons en chemin de fer pour une destination inconnue.

Si tu savais comme c'est ennuyeux tous ces changements; on mange quand on peut, puis après être bien fatigué par la marche, il faut s'occuper de son couchage, nettoyer une écurie, chercher de la paille, etc... Nous ne demandons plus que d'être arrivés.

Lundi soir, 13 mars.

Après avoir débarqué à Belfort, nous avons fait 20 kilomètres. Voyage splendide, accueil très sympathique. Demain nous repartons plus loin à 10 kilomètres. Reçu trois lettres de toi.

Le bruit courut, qu'un instant, l'ennemi avait songé à tourner brusquement Belfort en violant cette petite portion du territoire helvétique qui pénètre comme un coin dans la France, le pays de Porrentruy. On multiplia les travaux de campagne sur toute la frontière, de Delle à Saint-Hippolyte. La 88e division, pour se reposer de ses dix-sept mois continus de tranchées fut employée à ces travaux de défense pendant trois ou quatre semaines qui lui parurent trop brèves.

(Beaucourt, territoire de Belfort), 18 mars 1916.

Le temps est splendide; quelle différence de température avec le Nord et le Pas-de-Calais. Ici c'est déjà le printemps; les petits oiseaux gazouillent gaîment dans les branches qui commencent à bourgeonner. Le ciel est d'un joli bleu, les montagnes qui nous entourent offrent aux regards un aspect féérique. Jamais je n'en avais vu, mais je suis émerveillé de tant de beautés, et je me plais à trouver que la mer n'a rien de comparable avec ce calme imposant des cimes dont la pointe s'estompe dans le bel azur des nuages.

Malgré tout le charme d'un séjour parmi ces délices, je goûterai un bien-être plus grand à me voir pour toujours près de toi, chère petite mère, car là seulement est le vrai bonheur, parce que nous nous comprenons, et que nos âmes vibrent d'une même harmonie, d'un même accent d'amour vers un but commun. Je suis content de te lire souvent, et maintenant que je le puis, je t'enverrai un mot chaque jour, pour que tu saches que ton petit va bien.

Malheureusement, la poste est souvent infidèle; hier encore je n'ai rien eu de toi, j'en étais presque triste.

Je goûte dans cette lecture journalière une force profonde qui m'aide à continuer aussi vaillamment que possible la longue lutte armée.

A demain, petite mère chérie, ce sera dimanche, peut-être serai-je plus libre.

Ton petit

René.

Dimanche matin, 19 mars 1916.

Chère petite maman aimée,

Dans la Somme, j'ai logé, je t'ai dit, chez des fermiers qui ont été très aimables pour moi; les petites filles m'apportaient leurs couvertures. Quand j'ai eu quitté, j'ai écrit un mot pour les remercier : les petites et la mère m'ont déjà répondu deux fois, très gentiment, surtout pour des gens de la campagne.

Depuis ma permission, je n'ai qu'à me féliciter d'avoir trouvé toujours des sympathies sur mon chemin, dans la Somme et l'Oise comme ici à l'opposé. Je prends note sur mon carnet, et, après la guerre, je pense bien revenir voir les pays qui m'ont si aimablement accueilli (1).

C'est à peu près vers cette époque que s'exerça sur René l'influence de deux camarades qui allaient grandement contribuer aux progrès qu'il fera désormais.

L'un des deux, Georges, avait d'abord été dans les affaires, puis s'était occupé d'enseignement, et à vingt-huit ans, « vocation tardive », il était entré au grand séminaire. L'autre Félix, était un jeune père de famille du Nord qui avait tout son petit monde, hélas ! en pays envahi. De lui, René écrivait : « Il est un modèle de piété, et grâce à ses exemples, je gagne tous les jours un peu de ferveur religieuse... Du premier il écrivait : « Il est vraiment aimable, bien élevé : jamais il n'omet un détail de politesse, et la moindre délicatesse venant des autres semble le toucher au plus haut point. Je l'apprécie beaucoup et tout lui-même m'est une étude qui profite pour la bonne tenue et la sanctification. »

---

(1) Toute la guerre il fera ainsi de beaux projets d'emmener après la guerre sa mère et sa femme voir les pays qu'il a parcourus et saluer les braves gens qui se sont montrés bons pour lui.

(Neuves-Maisons, Meurthe-et-Moselle), 25 avril 1916 (1).

Chère petite mère,

J'ai un désir très grand de demander mon affectation dans l'aviation; si j'hésite, c'est parce que je crains de ne pas réussir, et cependant on demande des volontaires, mais je ne connais pas assez la mécanique pour devenir pilote et c'est ce qui m'intéresserait, d'autant que çà me donnerait de hautes connaissances pour l'automobile, si plus tard je m'associe à..... J'attends pour cela l'espace d'un mois, pour avoir ta réponse, et me soumets à ta recommandation de prudence. Je ferai comme M. de P... et deviens philosophe.

René passa trois semaines à Neuves-Maisons, petite ville industrielle proche de Nancy. Il décrit les beaux offices célébrés dans la grande église inachevée mais déjà connue dans toute la France comme lieu de pèlerinage à Saint Antoine de Padoue. Il ne se fera pas prier pour prêter le concours de sa voix au dévoué Curé, qui aura bien du regret de se séparer de lui.

(Neuves-Maisons, Meurthe-et-Moselle), mercredi 28 avril 1916.

Maman chérie,

Je te parlais hier de la vie chère; en effet, la salade vaut 5 et 6 sous le pied, le beurre 56 sous la livre;

---

(1) « Depuis une quinzaine de jours, tu as dû remarquer un certain relâchement dans le style et la longueur de mes lettres; la faute en incombe surtout au milieu dans lequel je me trouve. Écrire, c'est toute une affaire. Je suis installé dans un immense grenier à foin, où sous les tuiles le vent souffle, et ayant comme éclairage une maigre lueur qui descend d'un carreau mis à la place d'une tuile rouge. Alors, à peine suis-je installé, que le froid me prend et je clos, pour aller et venir afin de me réchauffer. — Quand finira cette pénible existence? On dit beaucoup *fin juin.* » (Lettre du 22 avril 1916.)

ce sont encore les œufs qui sont les plus abordables, ils valent 3 sous seulement. Alors, te disais-je, à partir de maintenant nous sommes si mal nourris, qu'à chaque repas il faut acheter un supplément et la moindre chose se monte à 50 centimes.

Le soir, nous devons acheter la boisson puisque nous ne touchons plus rien; c'est épouvantable de se voir réduit à de pareils régimes de privations.

Dimanche prochain, nous chantons à nouveau à l'église, le curé, qui est très zélé, fait tout ce qu'il peut pour attirer ses paroissiens, il ne néglige rien et profite de notre présence pour les offices. Nous prêtons notre concours très volontiers, ce qui fait l'affaire de chacun (1).

A la suite d'on ne sait plus quelle petite affaire administrative (ces affaires, facilement, dans l'oisiveté des périodes d'arrière, affectent une importance démesurée), le jeune caporal eut à pâtir d'une fâcheuse lacune de notre système militaire, à savoir le manque d'une doctrine ferme et d'une pratique cohérente, quant au droit des inférieurs de recourir à leurs chefs; — une même démarche étant considérée tantôt comme un droit strict et bienfaisant, tantôt comme un acte subversif de la discipline. René avait pris à cœur les avances paternelles faites aux hommes de troupe, en plein rapport, par une très haute autorité, de venir présenter directement leur réclamation. Il y alla, avec cette décision juvénile et encore imprudente qu'il portait en tout.

« L'homme n'est digne de son nom d'honnête, écrivait-il un jour, que lorsqu'il est vrai et unique dans ses sentiments. »

Malentendu, oubli, manque de transmission de ces dispositions bienveillantes, toujours est-il qu'il passa pour avoir fait là un acte de grave insubordination.

L'affaire menaçait de tourner au plus tragique quand elle

(1) Dans tous les pays où il passe, René s'intéresse toujours au côté musical. Un jour, dans un village, il entend chanter « une fille qui a une superbe voix de théâtre ». Ailleurs, « les chants ont été massacrés par les bonnes paysannes qui s'époumonnaient pour surpasser l'accompagnement plus que faux d'un vieil harmonium. »

tomba providentiellement entre les mains d'un général qui excellait à réduire à leurs proportions initiales les difficultés disciplinaires. Tout s'apaisa par l'envoi de René dans un régiment.

Cette petite tempête à laquelle il n'est fait qu'allusion dans les lettres suivantes pour ne pas effrayer les siens ne mériterait pas qu'on s'y arrête, si elle n'avait été précisément pour le jeune homme l'occasion de sa définitive conversion. Les réflexions qu'il fit dans sa prison, puis le changement de vie et de milieu activèrent un changement de vie morale. Les lettres que nous transcrirons désormais seront, de plus en plus, d'un tout autre homme.

Dimanche, 30 avril 1916.

Je suis seul dans un bois splendide, j'ai emporté ta lettre du 26, me demandant des explications sur mon changement d'allure.

Comme tu l'as compris, c'est purement une question de caractère qui me force à me plaindre. Depuis trois mois elle dure, et elle menace d'aller très loin, de la part du chef supérieur qui, par sa position, aura toujours tous les droits contre mes réclamations, si j'en faisais.

Je ne suis plus bon à jeter aux chiens, et les menaces les plus violentes, j'oserai dire révoltantes, pèsent sur ma tête à la moindre infraction. Je ne puis t'en dire davantage, mais le cœur s'aigrit et se soulève à l'application de telles haines. Il faut, coûte que coûte, que je quitte. Voilà très exactement ce qu'il y a.

Ne t'en tourmente pas outre mesure, les premiers jours, çà fait bouillir le sang dans les veines, mais comme à toutes les peines et les joies, le temps est un facteur puissant qui calme les esprits agités. Çà ne m'empêche pas de venir goûter le calme d'une belle après-midi à l'ombre de la verdure d'un bois.

Dimanche, 7 mai 1916.

Très chère petite aimée,

Hier j'ai causé longuement avec le P. A***, en lui demandant un livre; il m'a offert de lire de temps en temps un chapitre de l'*Imitation*, qu'il m'a prêtée. Jusqu'à présent, je n'avais jamais ouvert ce livre, et en y jetant dès hier soir, un regard, j'y ai goûté beaucoup de bien; c'est une direction courte, claire et s'assimilant à tous les caractères et à tous les besoins; je lui demanderai de le garder jusqu'à mon départ.

Lundi 8 mai 1916.

Très chère petite mère,

J'ai reçu aujourd'hui ta grande lettre me donnant des conseils de modération et de prudence. Je vois, par ce que tu me dis, que je t'ai beaucoup préoccupée, et cependant il n'y avait pas de quoi.

En agissant, je savais que je réussirais, car malgré le nombre restreint d'amis qui pouvaient témoigner en ma faveur, j'en avais de très bons.

Après des renseignements sur ma famille, mon passé et mon avenir, le général m'a dit, très paternellement : « Où voudriez-vous aller? » Très ému de tant de bienveillance, je l'ai remercié tout d'abord en l'assurant de mon dévouement là où il m'enverrait.

« Eh bien, m'a-t-il dit, comme caporal brancardier dans un régiment, vous serez très bien, je vais vous y envoyer. »

Ma chère maman, j'ai triomphé, grâce aux nombreuses prières que tu fais depuis un mois; cette entrevue avec le général était inespérée : jamais, a dit son officier d'ordonnance, le général ne fait ainsi appeler un homme.

Au général, j'ai dit que je cherchais à partir de la division, tant j'étais ennuyé, et il m'a compris.

Je vais très, très bien, et je suis aux anges de ce changement.

Le 15 mai après un voyage de 25 kilomètres en voiture, par Ludres et Agincourt, il arrivait dans son nouveau régiment, le 83e; voyait « le colonel, toute la hiérarchie, les officiers, tous pleins de courtoisie ». Il était nommé d'emblée caporal brancardier pout tout un bataillon. Ce bataillon était cantonné au sommet du plateau d'Amance, célèbre par la défense de Castelnau en septembre 1914. Par les temps clairs, la vue est merveilleuse sur l'est de la Lorraine. Au nord, une petite masse noire, à peine visible à l'œil nu : c'est la cathédrale de Metz. (Combien alors cette vue faisait rêver !) A l'est et au sud c'est tout le déploiement de la chaîne des Vosges.

(Amance), 27 mai 1916.

Très chère petite mère,

Tous les matins à 6 heures et demie, j'ai le bonheur d'assister à la messe pendant laquelle je me sers de l'*Imitation* que tu m'as envoyée. J'en suis très content, car la méditation journalière d'un chapitre me fait beaucoup de bien. Elle calme le tempérament et fortifie l'âme, et l'aide à supporter plus docilement les peines présentes.

31 mai 1916.

A son directeur de conscience,

... Je tiens aussi à vous faire part du besoin que j'ai de vous écrire. Je suis privé de vos bons conseils et je trouve le temps long; car, vous savez, mon Père, combien votre parole, sous forme de conversations ou de sermons, donnait à mon âme bien faible un élan nouveau, des forces pour l'empêcher de tomber ou même de s'égarer.

Alors, comme autrefois, plus qu'autrefois, depuis que vous m'avez fait connaître les joies de ceux qui méditent l'*Imitation*, permettez-moi de vous confier ma fragilité, devant laquelle je suis impuissant.

Et voilà que ce livre, que je ne veux plus quitter, est venu ajouter son affirmation à mon désir. Il me disait dans son chapitre IX, que tout être a besoin de recourir à une direction et à une autorité. Oh ! que c'est vrai ! comme on se sent fort après les conseils de quelqu'un qui connaît les besoins de votre âme, et sait, par des paroles appropriées, soulager les souffrances et guérir les blessures. L'homme est si chétif, qu'il a besoin d'un tuteur plus robuste pour le guider dans une bonne voie, et plus il est attaché solidement, et moins dans la tempête il risque d'être terrassé. Voilà la raison pour laquelle, mon Père, je viens me permettre de vous demander de penser à moi, même dans l'éloignement. Je sens trop, physiquement, la lutte difficile que j'ai à entreprendre !... (Ici l'auteur entre humblement dans le détail de ces luttes, puis il continue) : je souffre de pécher, et dans mon désespoir même, je m'oublie encore. Pourquoi, mon Père? Pourquoi cette violence, qui semble outrepasser la volonté et la résolution de bien se conduire?

Mais, maintenant, j'aime tant à lire tous les jours mon chapitre de l'*Imitation* que je ne puis plus m'en passer. Je me semble sortir d'un état léthargique, pour renaître à la vie, à la vie spirituelle qui élève l'âme jusqu'aux pieds de notre Créateur.

Ce matin je me suis approché de la sainte Table, et je ne sais pourquoi j'ai éprouvé plus qu'à l'ordinaire une force surnaturelle m'envahir, me posséder; et tout pénétré de ce bonheur, je m'en suis allé à mes occupations habituelles, sans souci des épreuves que je rencontrerai.

Mais ici, mon Père, je suis en dehors du mouvement. De ces résolutions en restera-t-il, si dans un milieu plus libertin, à nouveau je suis plongé? Déjà je tremble, me connaissant; je n'ose dire que je saurai taire mes lèvres quand il sera nécessaire de le faire.

Le péché, chez moi, commence par une trop grande familiarité de conversation..... Je le sais, et ne le sais que trop, et malgré tout, aurai-je le courage de m'écarter de ce danger certain? Si je m'y arrête? Le cas s'est présenté et j'ai failli maintes fois; la chute recommencera, que faire pour l'éviter???

Voilà, mon Père, le poids que j'ai sur la conscience, il me semble me soulager un peu, en vous le découvrant, et vos conseils me seront si doux qu'ils viendront sur mon âme comme un baume sur une plaie.

En attendant, je prie et je continuerai de prier pour moi-même et pour ceux pour qui mon estime est grande; pour vous aussi. J'admire trop le sacrifice du prêtre, et devine les nécessités et les charges de son ministère. Mais en retour je serais bien heureux de savoir que vous demandez à Dieu la grâce de la paix qui m'est tout à fait utile...

(Laître-sous-Amance), mardi 31 mai 1916.

C'est aujourd'hui, petite mère, le jour de ton anniversaire. Ce matin, dans une communion toute spéciale, j'ai bien prié à ton intention. Demain encore, c'est l'Ascension, et je redemanderai au bon Dieu les mêmes grâces et sa bénédiction particulière pour nous et pour la famille, pour ceux qui s'égarent, pour ceux aussi qui peut-être sont près de Lui ou réclament nos prières pour y arriver.

Le mois du Sacré-Cœur va commencer, puisse-t il faire renaître dans les cœurs humains la bonté du Créateur, afin que Celui-ci, touché par le flot suppliant qui intercédera pour la fin de ce fléau, fasse cesser la guerre, les affreuses souffrances qui petit à petit nous minent et nous accablent.

(Laître-sous-Amance), jeudi 1er juin 1916.

Petite mère chérie,

Nous commençons le beau mois du Sacré-Cœur dans une bonne communion, j'ai prié pour toi et chacun.

Tu me demandes si le pays est joli? Le village est assez insignifiant, à part l'église, qui date de 1085, et une croix qui commémore l'emplacement d'une léproserie. Quant aux accidents de terrain, ils sont nombreux et très intéressants; le pays est très sillonné avec de brusques côtes, ce qui le rend pittoresque, mais fatigant à parcourir.

Vendredi, le 2 juin 1916.

Ma petite mère chérie,

A l'instant, je lis dans les journaux que les Bulgares avancent en Grèce; la situation est épineuse, et à mon avis, cette guerre ne se terminera qu'après un acte manifeste de la puissance divine, et, pour que cet acte soit plus apparent, la situation deviendra plus critique qu'elle ne l'est, peut-être même d'autres puissances s'armeront contre nous, alors, à deux doigts de notre ruine, la main de Dieu arrêtera ouvertement le désastre, quand l'homme aura compris son impuissance. Puisse-t-il en être ainsi ! ! !

Dimanche, 4 juin 1916.

Ma petite mère chérie,

La pays est très animé de nouveau; il y a des troupes de passage pour quelques jours, et de grosses têtes : un général, un colonel, etc...

J'ai fait la connaissance d'une famille bien gentille, qui fait un commerce d'épicerie pour vivre, car le malheur depuis plusieurs années est venu s'abattre sur elle. Le grand-père était capitaine des Douanes; il a dû demander sa retraite à cause de ses idées profondément religieuses. Ayant causé à un prêtre dans la rue, il a été dénoncé, et sa carrière a été brisée; il est mort de chagrin il y a quatre ans. Il y a donc la grand'mère (femme du capitaine) et les deux petites-filles dont l'une à dix-neuf ans et l'autre quinze.

Je passe maintenant une grande partie de mon temps avec ces dames. Je fais avec les jeunes filles des parties sérieuses à travers la maison et le jardin pour nous donner des couleurs et du mouvement.

Nous causons souvent religion; elles me font mille remarques, mais je leur réponds jusqu'au bout, et, me disent-elles, elles n'ont jamais vu, même de prêtres, leur tenir tête aussi bien. J'en suis flatté.

Ce matin, avec toute cette arrivée de troupes, la petite église était archi comble, et une quantité de soldats assistaient à la messe dehors, les portes étant ouvertes.

Voilà petite mère, tous les événements de la journée; à demain donc, et d'ici là je t'envoie une grosse provision de baisers et de caresses que tu partageras avec ma grande Marthe.

Votre petit,

René.

Mardi, ce 6 juin 1916.

Quelle bonne lettre, chère petite mère, que celle que tu me destinais le jour de ton anniversaire.

Mot par mot, elle se répandait dans mon âme, — cette âme que depuis vingt-cinq ans, tu cherches à ranimer dans ses faiblesses, à instruire dans son ignorance. Oh ! petite mère, comme j'ai à remercier le bon Dieu de tout ce qu'Il fait pour moi par ton cœur si maternel, si dévoué, si généreux et si bon !

Combien, dans la masse qui m'entoure, reçoivent les consolations que, journellement, tu m'envoies avec tendresse? Je n'en vois pas, et je suis le seul, il me semble, qui suis comblé de bénédictions. Alors, comme il est dit dans l'Évangile, qu'il faudra rendre cent pour cent, mon devoir est de manifester autour de moi le bonheur que donne la conscience en paix et de prodiguer l'exemple auprès de ceux qu'une bonne conduite peut rendre meilleurs. Oui, petite mère aimée, ce développement de la vie, où chacun a sa part de peines, de douleurs et d'amertumes, ne doit servir qu'à nous préparer avec plus d'énergie, de fermeté et de patience à la *vie réelle* de l'au-delà, où nous retrouverons ceux que nous chérissons ici-bas, et que la loi commune nous a pris pour leur faire goûter précocement les joies des âmes pures.

J'ai une mauvaise nouvelle à t'annoncer. Malgré mon désir et ma demande, je n'ai pas réussi à faire partie du tour de permission qui va finir d'ici quinze jours.

Je suis classé dans l'autre, et je ne sais si jamais je reviendrai te voir, car les permissions vont être supprimées, je crois, d'ici un mois, pour tous.

La vraie et la bonne sera le jour du retour; puisse-t-il ne plus tarder beaucoup (1) !

Tu verras comme moi, dans les journaux, que les nouvelles ne sont pas en notre faveur, mais qu'importe, le Sacré-Cœur doit veiller, et sa main nous sauvera. Dans les troupes de passage, il y a un soldat aumônier d'un dévouement splendide, et de le voir c'est un plaisir; c'est un plaisir aussi que de faire comme lui, sans produire même d'effet.

Dimanche, 11 juin 1916.

Petite mère chérie,

Partis à minuit, dans la nuit de vendredi à samedi, nous avons fait 3 kilomètres à pied, puis 60 en autos, pour faire ensuite huit kilomètres sous une pluie battante, avant de pouvoir nous reposer. Hier matin

---

(1) « Et nous serons pour toujours ensemble, dit-il ailleurs, et le Sacré-Cœur nous bénira dès ce monde. »

donc, à 9 heures, nous faisions notre entrée dans un petit village à six kilomètres des lignes (1), assez charmant, et où nous nous serions plu. Nous ne demandions plus qu'à y rester, quand, ce matin, après la messe, un ordre de départ est arrivé. Le bataillon quitte le village le soir même à 9 heures pour se rendre aux tranchées; nous irons cantonner à 5 kilomètres d'ici, c'est-à-dire au premier village qui mène aux boyaux. Il y a avec nous des troupes marocaines et noires, venues de la grande bataille, où elles ont eu beaucoup de pertes.

Ils occupent ce secteur pour se reposer, et en même temps se reformer.

Fais bien attention que nous avons encore changé de secteur, étant rattachés à la division marocaine.

Depuis une semaine, il fait un temps épouvantable; tu ne peux deviner ce que les routes sont détrempées près du front, après les passages des canons incessants.

Ici, il y a une belle église, mais y en aura-t-il où nous allons? En tout cas, il n'y a plus de civils, comme bien tu penses.

René.
Secteur 68.

Ce 17 juin 1916.

(A son directeur de conscience).

Je me rends à votre bonne invitation toute paternelle de vous communiquer l'état de mon âme, qu'avec sollicitude vous contribuez à guider dans la

(1) Région de Baccarat.

vie chrétienne. Aux heures de lutte, je me suis souvenu des conseils donnés, et, en toute franchise, il me faut avouer tant mes échecs que mes victoires. La prière cependant je ne l'ai pas oubliée; tout au plus ma ferveur a-t-elle diminué depuis que je n'ai plus autour de moi toutes ces choses extérieures qui incitent à la piété, et nous forcent par habitude à nous souvenir de nos devoirs.

Dans un village (1) qui n'a pas connu le civil depuis plus d'un an, je suis solitaire, dans une petite maison aménagée en poste de secours, et c'est là que mon cœur s'élève vers le Très-Haut, brûlant parfois d'amour et parfois de regrets. Je suis livré à moi-même, n'ayant pour me soutenir et m'encourager dans la voie du bien, que le lecture de mon *Imitation* et les lettres de ma chère maman.

Depuis huit jours, je n'avais pas eu le bonheur d'assister à la sainte Messe. Pour suppléer à cette impossibilité, vous m'auriez peut-être conseillé d'être, partant, plus assidu à mon chapitre journalier du petit livre saint. Hélas ! non, pas une seule fois (en ces huit jours) je ne l'ai ouvert : je n'avais pas le courage d'en user, crainte, sans doute, d'un reproche, et peut-être aussi d'y trouver une loi trop sévère à ma volonté défaillante.

Quant à l'avenir, selon ce que vous m'en dites, je ne m'en préoccuperai plus, pour m'adonner davantage à ma condition présente. D'ailleurs l'avenir est si incertain que l'on ne doit guère y songer. Au jour le jour, je recenserai mes défaillances, pour que le len-

(1) Nous n'avons pu identifier cette localité, environs de Badonviller, sans doute.

demain, confiant en la miséricorde de Dieu, je retrouve la paix et la joie de la conscience pure. Pour cela, j'accepte le secours de vos prières; j'en ai grand besoin, comme vous le voyez, mon Révérend Père, et vous promets les miennes, plus ferventes toujours, et plus soumises aux efforts auxquels vous m'engagez.

Le 19 juin, lundi.

J'ai trouvé dans un grenier quelques livres intéressants, me permettant surtout de passer très agréablement le temps, en faisant de l'anglais, de l'histoire de France; et surtout un livre de Dom Besse, très connu par ses écrits dans l'A. F. sur le *Moine Bénédictin, sa vie, etc.* Hier soir j'ai travaillé ainsi jusqu'à 10 heures sans m'en apercevoir (1).

Jeudi, 22 juin 1916.

Ma petite mère chérie,

Hier, pendant quelques heures, j'ai vécu dans l'oubli de la guerre, en parcourant une petite ville rendue importante par son industrie (2). Il y avait du monde et surtout des quantités d'officiers, dont les uniformes les plus variés comme fantaisie donnaient l'impression d'une fête princière dans un air de gaieté nationale. Je suis obligé de me taire sur les commentaires que laissent, dans la bouche de ceux

---

(1) Deux jours avant, il écrivait : « Les marmites sont venues nous dire que la guerre continuait. Les sifflements lugubres sont une distraction pour notre mélancolie. »

(2) Baccarat, sans doute.

qui sortent des tranchées pour y retourner, de pareils accoutrements carnavalesques dont se revêtent les embusqués de l'arrière.

Le soir, à 7 heures, nous avons pris les autobus qui nous ont transportés à l'endroit que nous avions quitté il y a quinze jours, ou tout au moins à 17 kilomètres de là. Nous sommes à 4 kilomètres des lignes, sans grands risques d'être bombardés. Nous exécutons des travaux de deuxième ligne. Nous arrivons dans un pays où quatre ou cinq maisons restent debout (1); les officiers n'ont pas de lit, ils couchent sur la paille, le reste des cantonnements est pitoyable. Aucun civil, il faut se ravitailler à trois kilomètres : c'est pire que le lieu d'où nous venons, car nous n'avons même pas le choix des maisons abandonnées. Heureusement avec l'été l'inconvénient des logements un peu *aérés* est moins grand; et je trouve très agréables les dîners champêtres sous les arbres.

Petite mère chérie, c'est à toi que vont toujours mes premiers baisers et ma plus douce affection.

Ton petit qui t'aime.

René.

Dimanche, 25 juin 1916.

Petite mère très chère,

Dans des maisons très endommagées, dans des sous-sols, dans des caves, dans des abris creusés sous terre, j'ai été le témoin des offices religieux célébrés au front; mais jamais je n'avais assisté comme ce matin

(1) Erbéviller (M.-et-M.).

à une messe en plein air dite sur l'emplacement de l'église avec le ciel pour toiture, les décombres comme tapis (1). Il est, à la fois, grandiose et poignant, ce spectacle religieux. En entrant dans l'enceinte qui fut autrefois marquée par des murs, les soldats et rien que des soldats se découvrent, viennent se ranger pêle-mêle, debout devant un autel en ruine, sur lequel des obus allemands servent de vases, et desquels émergent d'énormes bouquets de coquelicots aux couleurs vives, caractéristiques et commémoratives du sang que ce lieu a reçu; et d'autre part des gerbes de marguerites des champs montent autour du calice voilé une garde d'honneur, pour louer par la blancheur de leurs pétales le sacrifice qui va s'accomplir.

Dans le religieux silence, la messe continue, les paroles seules du prêtre viennent troubler les échos des voûtes célestes. Entre les mains consacrées, l'hostie et le calice s'élèvent lentement pendant la consécration, tandis que l'assistance humblement prosternée est saisie d'émotion au passage d'un de nos aviateurs, qui vient lui aussi recevoir les bénédictions qui s'échappent du pain et du vin, devenus maintenant le corps et le sang de Notre-Seigneur. Voilà comment, en ce dimanche de Fête-Dieu, j'ai assisté à la messe, pour moi-même, pour la chère maman et pour toute la famille.

La petite malade, au loin, n'a pas été oubliée, puisse-t-elle se rétablir bientôt.

---

(1) Erbéviller ou bien Remóreville, incendié au passage par les Allemands, en 1914.

Lundi, 26 juin 1916.

Maman chérie,

Ta lettre me donne le retour de celle de mon ami Georges.

Je t'en remercie, car c'est une bonne lettre que je veux conserver. Par tes conseils et l'exemple que je reçois des amis que tu me connais maintenant, tous mes efforts tendent à me faire devenir un homme comme tu me le dépeins, c'est-à-dire viril dans toute l'acception du mot. Le caractère surmontera le tempérament, parce que tel est mon désir soutenu par la prière et la foi au point de vue chrétien, par la volonté d'être tout entier à ma petite Mad... pour ce qui est fidélité.

J'ai trouvé la belle rose qui laisse encore échapper un doux parfum et une chaude senteur des baisers que tu y as déposés pour moi.

Et après, tu me fais remarquer tes inquiétudes au sujet du bombardement, bien faible, dont ma région a été le théâtre, pendant mon séjour aux abords des tranchées.

Je ne pourrai jamais assez te dire combien à tort tu te tourmentes des dangers qui n'existent pas.

Mais que m'importe, chère maman, crois-tu que dans les dangers comme ailleurs, je ne serai pas sain et sauf, si c'est le dessein divin; alors pourquoi vouloir surpasser l'inconnu et deviner l'avenir. Dieu a ses projets, il fait de nous ce qu'il veut; à nous de vivre dans le présent en conformité avec Lui.

Voilà ma mentalité actuelle, c'est la mentalité d'un homme que tu as grandement contribué à former.

Samedi, 1er juillet 1916.

Bien chère petite mère,

Quand cette guerre prendra-t-elle fin? Les politiciens disent de ne pas fonder sur le mouvement anglais un trop grand optimisme et d'autres ajoutent : la guerre sera longue encore, car les usines de l'intérieur n'ont pas encore donné tout leur rendement... C'est peu consolant !...

Je suis effrayé de voir comme je te dépense beaucoup d'argent, mais vraiment, en ce moment, je suis dans l'impossibilité de faire mieux, mais plus tard, petite mère chérie, sans savoir très exactement ce que je ferai, je sais que je me développerai autant que je le pourrai, en donnant à mon intelligence toute son activité pour arriver à un résultat pour toi, toute la famille et ma petite reine.

Ce 13 juillet 1916.

Mon bon et Révérend Père,

Vous me parliez de la grâce et concluiez : « Profitez-en, ces phases sont transitoires. »

Pour moi, mon Père, qui suis bien faible encore, ces paroles sont venues jeter la crainte dans mon âme. Je me suis mis à trembler, et obsédé par la pensée de l'avenir, j'ai oublié le présent. Pendant quinze jours, j'ai lutté par mes propres forces, priant parfois, plus souvent me refusant à ce devoir. Vous comprenez combien j'ai souffert, me souvenant très bien de votre amour de prêtre pour moi, et n'osant vous faire part de ma détresse. Vous eussiez été près de moi, peut-être aurais-je eu la volonté de venir me jeter à vos pieds pour implorer vos consolations et votre bénédiction. Mais ici je n'avais personne pour m'encourager et me stimuler. Les lettres de ma mère et de mes amis, Félix et Georges, sans oser le leur avouer, venaient me torturer par le souvenir de la prière et du sacrifice qu'elle implique pour dominer les passions. Je répondais en balbutiant des mots que le cœur ne croyait pas.

Peut-être, mon Père, mon agitation est-elle due à l'éloignement des sacrements, que je n'ai pu recevoir depuis cinq semaines. Ici, encore, j'ai à m'accuser d'un relâchement volontaire; j'avoue que si m'approcher de la sainte communion m'était difficile, par contre, il m'eut été aisé de me faire absoudre, soit par M. P... qui est à Sorneville, à 3 kilomètres d'ici, ou par un aumônier étranger au régiment et à demeure à Erbéviller.

Mais..., je ne l'ai pas fait; un reproche sévère peut m'être adressé, je me suis jeté au-devant du mal dont je souffre... Je compte sur votre bonté et vos prières.

Mardi, 18 juillet 1916.

Tu touches un peu ma corde sensible en me parlant de l'aviation et de ses charmes (1). Je rêve toujours d'y entrer, et je t'assure que si je n'y suis pas, c'est que j'ignore les démarches qu'il faut faire pour cela. Tu me diras : c'est dangereux, mais, enfin,

(1) Ailleurs, il confie à ses amis que toutes ses aspirations le portent vers cette *arme* « pour le prestige, la gloire, et pour apprendre la mécanique. » — « Il ne manque plus à mes désirs que l'aéro. Oh ! celui-là, par exemple, il me passionnerait ! »

chère maman, si l'homme reculait toujours devant ce facteur, qu'adviendrait-il du progrès, et de la maîtrise de la volonté? — « Tu ne sais combien il faut user d'énergie pour monter ». — Je le devine, mais après il me semble qu'on peut tout braver, tout surmonter, il n'y a plus de difficultés dans la vie, j'en suis convaincu.

Jeudi, 20 juillet 1916.

Petite mère chérie,

Le brusque départ à 11 heures du soir nous avait tous très fatigués, mais, la bonne nuit nous a remis. Heureusement que c'est l'été, et que nous ne nous apercevons pas que nous couchons en plein air sous un abri à voitures à la ferme et par terre sans paille. Je te voudrais aussi, petite mère, MAIS TOUTE SEULE, sur une photo. J'ai déjà de toi quelques photos que je m'accuse d'avoir pris dans l'album, lors de ma dernière permission, mais elles ne me suffisent pas.

La division, grossie des 41e et 241e d'infanterie fut envoyée prendre les tranchées au secteur de Flirey, en face du sinistre bois de Mortmare. Le régiment dont faisait partie notre « caporal brancardier » gardait les bois de Remières et du Jury, face au village de Saint-Baussant. Derrière la crête qui porte les ruines de Beaumont, enjeu d'une grosse bataille de 1914, s'abrite, plus ou moins, contre les regards indiscrets du Montsec occupé par l'ennemi, le village de Mandres, atteint fréquemment par les obus. René viendra souvent pendant cette période demander, à la petite église de Mandres, la force et la patience. Quand il en sort, « il se trouve l'âme plus énergique et le cœur ferme mais plus léger. »

(Mandres-aux-Quatre-Tours, Woëvre), 27 juillet.

Je suis content d'avoir une église; depuis longtemps j'en étais privé, et cette manifestation extérieure de piété joue malgré tout un grand rôle dans la pratique de la religion. Malgré le rapprochement des lignes, il y a quelques habitants et un curé qui m'a paru très zélé, à en juger par le règlement de son église.

Le soir, après le salut, par autorisation spéciale du pape, les soldats de la ligne de feu peuvent recevoir la sainte Communion, s'ils ne peuvent la faire à un autre moment, et, pour les combattants, le jeûne n'est pas nécessaire, ils peuvent communier à tout moment. Cette détermination est grande de responsabilité, mais sublime de bonheur pour ceux qui ont maintenant la possibilité de ne pas attendre une occasion, parfois bien difficile, le matin. — Le temps est toujours superbe, la campagne est belle, et les longues pluies ne paraissent plus, les routes sont poudreuses comme le sable dans le désert.

Mardi, 2 août 1916.

Petite maman chérie,

Je reçois une carte de ma petite Mad.... Une image est jointe, très jolie, représentant un prêtre bénissant un régiment qui part au feu; il est écrit : Dieu est avec vous, gars de France ! Elle l'a choisie à mon intention.

Le bon Dieu, en la mettant sur mon chemin, m'a comblé de grâces dont je le louerai toute la vie en sa compagnie.

Ce soir nous montons aux tranchées, le départ commencera à 10 heures et demie pour finir à minuit.

La lettre de demain, si j'ai le temps d'écrire, te dira l'installation.

Le secteur est très calme, tandis qu'à notre aile droite il n'y a pas de cesse ni de repos. C'est bizarre à expliquer. C'est à droite qu'ont été tués nos trois braves pères de quarante ans du 83e.

L'enterrement a eu lieu à 6 heures. Le colonel du régiment, au cimetière, a prononcé une allocution; mais les larmes le gagnant, il a fini en disant : Courage, mes enfants, car ce ne sont pas les derniers, qu'importe ! « Haut les cœurs ! »...

(Bois de Remières, Woëvre), dimanche, 6 août 1916.

Très chère petite mère,

La journée est calme et belle; le soleil, dans toute sa splendeur, laisse éclater sa magnificence à travers le feuillage épais de notre forêt, et ne nous arrive qu'avec un charme délicieux de tiédeur et de tons; la guerre : jamais on ne s'en croirait si près; seul le bruit des milliers d'insectes du bois vient troubler la nature (1). Et considérant toutes ces choses, à l'écart, seul dans une tonnelle, je suis comme heureux de vivre, parce que dans la peine de l'éloignement, rien ne trouble la liberté de ma pensée, qui se livre toute entière au plaisir de t'appartenir, ma très chère maman aimée, et je parcours l'espace pour

(1) « On se laisserait très aisément aller à un abandon moëlleux sur un sopha; mais pour moi qui suis bien portant je n'ai pas le droit d'avoir de pareils désirs de paresse. Au contraire, si la guerre m'épargne, après il faudra que sans presque de repos je travaille... j'y pense beaucoup. » (15 juillet 1916.)

m'en aller rejoindre ma petite reine, si bonne, elle aussi, et qui, par son naturel simple et droit, me fait l'aimer davantage, par l'exemple que j'en observe (1). Tes conseils viennent réjouir mon cœur, comprenant la bonne semence que tu y laisses. Oh! combien je te remercie, petite mère, d'épargner à mes pas les pierres placées sur la route de la vie; je les remarque avec soin, afin désormais de les éviter toujours. Et, conscient du bonheur que tant d'êtres n'ont pas, je sais qu'il ne m'est donné que pour le propager à mon tour. Aussi, tous les soirs, je prends la résolution de faire mieux le lendemain, afin de devenir celui que Dieu peut-être a marqué de sa main, pour être sur terre le propagateur de son nom et de sa puissance. Je m'efforce d'être tel ; *je reçois pour produire.* Je prie d'être uni à ma chère petite Mad..., pour avoir comme toi, maman chérie, beaucoup de chers enfants, pour qui je vivrai en leur inculquant des idées saines et religieuses.

Mardi, 9 août 1916.

Mes chères aimées,

La relève se fera cette nuit, et je regrette ce pays. Heureusement que j'ai, pour compenser, la consolation d'avoir là-bas une petite église, et une chambre avec un vieux sommier. Mais si j'avais à choisir, je resterais ici; par ce beau temps, c'est splendide, et puis sous le feuillage, un peu à l'écart, j'aime à rêver à cette petite ville basque qui vous reçoit, que j'ai-

(1) « Elle me paraît si douce et si simple d'âme et de cœur tout en conservant ses qualités mondaines féminines. » (24 août 1916.)

merais connaître. Alors mon cœur s'échappe dans une bonne prière pour vous. Jamais je n'avais tant apprécié le calme complet, et j'en éprouve physiquement et moralement un bien immense.

10 août 1916.

Une revue vient de paraître, destinée aux catholiques du front, intitulée *Frères d'Armes,* c'est le P. A... qui me l'a fait connaître; l'abonnement est de 1 fr. 50 pour six mois (bi-mensuel), c'est peu coûteux et je m'y suis abonné.

Les journaux donnent de bonnes nouvelles de tous les fronts (1); la victoire ne fait aucun doute, mais pourtant il faut, je crois, se préparer encore à une troisième saison d'hiver. Elle sera dure, car les santés s'affaiblissent, mais insensiblement les jours passeront les uns après les autres sans qu'on s'en aperçoive. Et enfin viendra le grand matin de la délivrance, où nous reviendrons chacun chez soi, pour s'aimer davantage parce que la séparation aura été longue. Alors, ma chère petite mère, je tomberai dans tes bras pour t'embrasser mille fois comme je le fais pour ta fête.

Ton petit

RENÉ.

---

(1) « Nous suivons avec un vif intérêt les progrès sensibles de la lutte. Au moment de la réception des communiqués téléphoniques au bureau du colonel, tu vois mille têtes tendues vers la porte d'affichage, pour savoir ce qu'il nous apporte de sensationnel.

« Les alliés font merveille; les Français, malgré leur épuisement légitime sur Verdun, font mieux encore. » (Lettre du 2 juillet 1916.)

Ce 12 août 1916.

(A son directeur de conscience).

Nos six premiers jours aux tranchées sont passés, et déjà notre période de repos est à son déclin.

Quelles que soient les circonstances, je m'occupe de la perfection de mon âme, par une attention soutenue et une règle de conduite aussi régulière que possible.

Le matin, je fais mes efforts pour ne pas manquer d'assister à la messe. Au cantonnement de repos, il m'est aisé de m'approcher de la sainte Communion. J'y puise une force invincible pour lutter contre la tentation; j'acquiers insensiblement un plus grand respect et un plus grand amour pour les choses du Ciel en particulier. J'aime à me laisser bercer au souffle de la grâce, et à répandre autour de moi la gaîté saine des âmes en paix. Et pour parfaire la journée commencée dans l'élévation de mon cœur vers Dieu, je médite un chapitre de mon *Imitation*, m'efforçant de m'imprégner de cette douceur religieuse : l'humilité parfaite.

... Nous reprenons les tranchées dans la nuit du 14 au 15. La grande fête de la Sainte Vierge ne pourra pas se célébrer avec tout le faste désiré, mais nous le ferons le dimanche suivant.

J'ai lu le deuxième exemplaire de *Frères d'Armes* que m'a renvoyé Georges C..., en me priant de le transmettre à Maurice T... Je n'ai jamais reçu le premier numéro, que vous m'aviez annoncé. Je n'ai pu par suite le transmettre à Monsieur votre frère, pourtant je l'ai lu, l'ayant vu entre les mains de

Félix L... Pour qu'il puisse profiter à plus d'âmes, j'ai cru bon d'envoyer un abonnement à mon nom. Je ferai circuler ce numéro au 3e bataillon. Moi aussi, j'ai pris pour méthode le premier article : *Consigne : prie*. Me souvenant de ce conseil, je profite de toutes les circonstances pour m'élever au-dessus des choses humaines. Voilà pourquoi je me sens plus heureux, en ce moment, n'ayant que le souci d'aimer Dieu davantage.

Humblement respectueux.

RENÉ.

Mercredi, 16 août 1916.

Petite mère très chère,

Deuxième jour de tranchées. Je n'ai pas de lettres au courrier d'hier, c'est long, mais l'attente sera récompensée tout à l'heure. Le temps se maintient un peu sombre, sans trop d'eau; il ne faut guère se plaindre.

Nous faisons un boyau de 2 mètres autour de nos « gourbis », pour essayer de diminuer l'humidité. Pour me faire faire de l'exercice pendant cette petite période de six jours, je prends comme les autres la pelle et la pioche.

J'ai déjà de grosses ampoules et des durillons dans les mains, mais avec le temps, cela passera... Nous avons amené deux jolis chats, dont un tout noir, spécialement beau. (Mais ils se sauvent devant les rats qui sont si gros (1).) Ils nous suivent comme des petits chiens et sont très caressants.

(1) « Les rats, gros comme des lapins sont légions; aussi est-il recommandé de ne pas mettre ses chaussures par terre, car ils mangent même le cuir ! »

Samedi, 19 août 1916.

Petite mère chérie,

Je crois maintenant que la guerre (préparée par les Anglais et soumise à leur volonté) durera encore un an (1). On ne peut se fier aux journaux, il est vrai; mais malgré cela il faut se baser sur certains faits. D'abord, l'offensive sur notre front n'a été qu'un succès relatif quant à l'avance faite dans la Somme; le succès a été surtout sur Verdun en ne laissant pas passer les forces concentrées et préparées. L'Allemagne faiblit, mais pas suffisamment pour s'avouer complètement vaincue. Les Anglais mobilisent la classe 17, avec cette condition de ne pas les envoyer en France avant quatre mois, donc la fin de l'année

Armons-nous de courage sans nous laisser abattre; qu'importe la durée? Ménageons seulement nos forces et nos ressources physiques et morales, afin de ne pas nous trouver dans l'indigence si le sacrifice est plus long qu'on ne peut le prévoir.

(Doux rêve d'avenir fait aux tranchées du bois de Remières certain 20 août 1916.)

Je sens, dans chacune de ses phrases, que je suis aimé de plus en plus... Elle me promet de m'entourer de beaucoup d'attention pour me faire oublier bien vite le temps présent. Elle y pense en câlinant le

---

(1) Quelques jours plus tard, il n'est guère plus optimiste : « Le journal d'aujourd'hui et celui d'hier semblent nous avertir par des informations anglaises que la guerre serait encore longue. Il faut donc se préparer énergiquement à passer l'hiver et peut-être davantage. » (24 août 1916.)

bébé d'une voisine, et se figurant, me dit-elle, qu'il est déjà le sien. Depuis des mois, elle brode un dessus de lit pour orner cette chère maison, afin que je m'y plaise toujours.

Ces marques d'affection venues de sa part et ajoutées aux tiennes semblent terminer mon bonheur... Pendant des heures, je reste songeur, essayant d'interroger l'avenir pour savoir si je goûterai à ces festins, entre ma chère maman et le petit ange de mon foyer? Qu'importe l'avenir ! Faisons malgré tout de beaux projets mais accompagnons-les de prières, afin que le bon Dieu bénisse nos actes et les dirige suivant une voie plus droite que celle que nous voyons.

Jeudi, 31 août 1916.

Très chère petite mère,

Je suis arrivé aux tranchées hier à 2 heures; le temps est mauvais, et pour le mois d'août, il fait un froid glacial. Le terrain est détrempé, et par suite très glissant (1). Cette nuit, il y a eu un blessé par

(1) « Cette fois-ci (28 août), le temps est très mauvais, grand vent et pluie sans discontinuer; or, dès la moindre pluie on nage dans l'eau et la boue; le côté des tranchées s'effondre et obstrue le passage. Il y a des endroits où les côtés sont clayonnés, mais pas partout. Les premières lignes sont particulièrement défavorables, car les Boches ne laissent faire aucuns travaux : dès le moindre bruit les rafales d'obus font disperser les hommes. »

« Il y a eu des morts et des blessés cette nuit (29 août), les Boches voulant prendre nos lignes. Le bataillon qui est au repos a dû se précipiter pour renforcer les deuxièmes lignes. Heureusement une artillerie puissante a suffi avec de nombreuses mitrailleuses, qui pendant plusieurs heures n'ont pas arrêté. Les Boches, devant la résistance s'en sont retournés chez eux. On croit qu'ils voulaient surtout se rendre compte des forces qu'ils avaient devant eux et faire quelques prisonniers dans le but d'obtenir des renseignements. On s'attendait à cette surprise, car la veille ils avaient coupé leurs fils de fer pour faire des passages. »

balle : les deux yeux ont été traversés, et par suite perdus. Pendant ce temps, deux boches lorrains se sont glissés jusqu'à nos lignes pour se constituer prisonniers. Ils ont donné beaucoup de renseignements. Les Boches ont peu à manger; par contre, ils sont pratiques : ils sont éclairés partout à l'électricité et ont l'eau en première ligne, par canalisation. Nous sommes loin de ce confort !

Ils nous ont donné les emplacements des pièces d'artillerie dans l'attaque d'il y a trois jours. Soixante canons tiraient sur un emplacement de 200 mètres; tu juges si la situation était intenable; c'était disent les poilus, une mer de feu. Les tranchées ont été complètement retournées, il n'en existe plus. Le moral boche est mauvais depuis l'entrée en action de la Roumanie; beaucoup voudraient déserter, mais craignent l'après-guerre.

C'est tout ce que je puis te dire de non compromettant. Nous nous demandons avec anxiété s'il faut passer l'hiver

Les Boches n'ont jamais de vin, et boivent de l'eau aux tranchées et de la bière au cantonnement de repos.

Quelques jours après : « Le secteur calme pendant plusieurs jours a été très tourmenté depuis ce matin, surtout à notre droite : quarante-cinq hommes tués, et par ricochet nous avons eu quelques morts aussi. Le village aussi a été bombardé. » (5 septembre.)

Voici venir son tour de permission : « Je ne me sens plus de joie, depuis que je sais que je vais enfin pouvoir vous embrasser. J'en perds un peu la tête et tout m'est indifférent. » Quinze jours plus tard, cet heureux temps passé, le jeune chrétien écrit à sa mère une lettre comme peu de soldats en écrivent à leurs retours de permission (26 septembre 1916) : « Si tu savais comme je suis gai, je ne comprends pas du tout cette joie. » Mais quelques jours plus tard (4 octobre) il l'attribue toute à Dieu « que je remercie profondément et que je prierai davantage encore. »

Il s'exerce, s'élève, se familiarise avec la difficulté, apprend à se surmonter sans cesse, et bientôt à se surpasser. Le 8 octobre, il confie à sa mère ses désirs de progrès. Un beau livre, où l'on parle du Sacré-Cœur, lui ouvre des horizons nouveaux. « Il semble que Dieu le garde, a dit un de ses amis, jusqu'à ce que l'âme se soit fixée définitivement sur les hauteurs, »

(Mandres-aux-Quatre-Tours), jeudi, 28 septembre 1916.

Petite maman chérie,

Je vais t'annoncer une grande nouvelle, qui me remplit de joie. Après avoir bien prié toujours, mais surtout à Lourdes, la Sainte Vierge par Sœur Thérèse, m'a exaucé.

Le général m'a admis à suivre les cours des élèves-officiers; je pars pour Toul, affaire de deux ou trois mois, conquérir mes galons, et quand je te reviendrai en permission, tu seras contente de ton petit qui t'aime de tout son cœur.

Figure-toi qu'heureusement j'ai acheté des chaussures, car les troupes de passage m'ont volé les miennes ainsi que mon manteau que je devais donner à Félix L... C'est le régiment en plein ! ! !

Lundi, 2 octobre 1916.

Moi aussi, petite mère, de mon côté, je prie de tout mon cœur, faisant la sainte Communion autant que je le puis, y goûtant une consolation exquise, et une force surnaturelle très grande pour supporter les luttes physiques et morales. Pour toi, ma petite Mad... et ma chère petite sœur, je demande au bon Dieu une pluie de grâces et de bénédictions. Alors je trouve la journée plus douce, et le cœur léger, j'accepte plus facilement les difficultés, que je semble ne plus remarquer.

Mon moral est excellent; je suis très gai parce que j'ai l'âme tranquille.

Mes camarades, à qui j'ai fait un laïus avant de les quitter, ont été très touchés; ils m'ont tous exprimé leurs regrets de me voir partir. Je préfère cela, ça prouve qu'ils m'estimaient.

Jeudi, 5 octobre 1916.

Petite mère,

Je reçois un mot de Georges C... et une grande lettre de ma petite Mad..., qui me remercie beaucoup de ma médaille qui semble lui avoir fait un extrême plaisir. Elle est toujours bien affectueuse et m'aime de plus en plus, quelque soit mon uniforme, me dit-elle, puisque le cœur ne bat qu'avec plus d'intensité. Elle ne se réjouit pas du galon que je projette, mais elle ajoute : « Je serai fière de ce que vous aurez fait toujours grandement votre devoir. » Ce jugement et sa mentalité me font plaisir, et je remercie le bon Dieu de m'avoir donné cette charmante petite, qui ajoute à l'affection maternelle, le tendre amour de la fiancée. La petite bague, qu'elle porte à la main gauche, intrigue ses amies !

La sœur de Mad... prend des leçons de chant, et je crois qu'elle-même en a l'intention également. Je vais lui écrire que bien vite, elle s'empresse de s'y adonner : un ménage qui chante et apprécie les arts, est, par avance, un ménage à moitié heureux. Cette idée me plaît beaucoup, je le lui avais déjà dit autrefois, au début de nos relations.

Vendredi, 13 octobre 1916.

Petite maman bien aimée,

Je réponds à tes deux lettres des 8 et 9, la première trouvée en rentrant hier soir de ma promenade; j'avais été voir un camarade dont je t'avais parlé autrefois, Maurice T... Je le travaille beaucoup pour le ramener dans le bon chemin. J'espère que, bientôt, il fera sa première confession; son cœur s'attendrit, et j'ai senti qu'avec un peu de travail encore, il sera tout à fait heureux.

Je quitte demain pour aller à la division, près de mes bons amis, jusqu'à dimanche à midi; et dimanche je pourrai communier à Royaumeix.

(Toul), ce 19 octobre 1916.

(A son directeur de conscience).

Très hâtivement je vous envoie l'expression d'amitié respectueuse de M. le Curé d'une grande église de Toul, que je suis allé voir ce soir... Je suis allé me confesser pour pouvoir communier. Mais comme *jamais* nous ne pouvons sortir avant 5 heures du soir, la semaine, et 4 heures le dimanche, je me suis permis de lui demander de vouloir m'autoriser à m'approcher de la sainte Table à 7 heures du soir, quand, en fraude, je pourrai venir dans l'enceinte de Toul...(1)

Ayant commencé ma neuvaine de premiers vendredis, j'ai la tristesse de me la voir rompue par cette difficulté; mais le bon Dieu, plus grand juge, comprendra ma peine et mon désir. Demain donc, à l'exercice du matin, mon cœur s'élèvera vers le ciel pour s'unir d'intention avec ceux qui ont le bonheur de se fortifier.

... Nous avons beaucoup de travail, et à peine deux heures le soir pour sortir, travailler nos cours et faire notre correspondance.

J'ai fait la connaissance de X***, jeune homme digne d'intérêt par sa famille, et je constate un certain fond chez lui, mais (il) a besoin d'être beaucoup travaillé. Je l'avais cru très énergique, hélas ! il l'est moins que quiconque... Il a dans sa conversation des paroles que, dès le premier soir, j'ai dû relever, dépassant de beaucoup la limite des convenances. Depuis, sans être avec lui, je recherche les occasions de semer et de redresser. Comptez sur moi, nous serons de bons camarades pour le bien et l'exemple.

Ce qui m'ennuie beaucoup, aussi, c'est le manque de temps pour me recueillir. J'en suis réduit à me réveiller un peu plus tôt, pour dire ma prière dans mon lit, et même chose, le soir, au milieu du brouhaha de la chambrée. Quelle différence avec la douce tran-

---

(1) Nous rapportons ce pieux désir comme un témoignage de la faim qu'éprouvait depuis quelques mois le jeune converti, à l'égard de l'Eucharistie. Il est superflu d'ajouter que son désir ne pouvait pas être exaucé dans les circonstances où il se trouvait. La sainte Église, large et maternelle, avait dispensé du jeûne eucharistique les soldats du front, mais eux seuls. *Milites ad prœlium vocatos (i soldati sul fronte) admitti posse, servatis servandis, ad S. Mensam Eucharisticam per modum Viatici...* (Décret de la S. Congrégation des Sacrements, 11 février 1915.)

quillité et le respectueux recueillement de ma bonne église de Mandres.

Qu'importe ! Je suis chrétien partout, et ne me laisse pas abattre. Les dangers sont plus nombreux en tant que tentations, voilà pourquoi je sens le besoin de me réconforter. Si vous croyez (que l'on puisse) m'accorder la grâce de pouvoir communier parfois le soir, j'irai bien vite trouver mon bon Curé, afin de revenir à la caserne vivifié par le bon Dieu... Bien vite, votre réponse... Soyez assuré de la ferveur de mes prières pour vous et de mon profond respect.

RENÉ,
Centre d'Instruction C. C. S.
Secteur postal 160.

Toul, jeudi, 19 octobre 1916.

Petite mère chérie,

Je me rends compte de tes préoccupations maternelles : voilà pourquoi je ne cesserai pas de te répéter de ne pas trop songer à ton petit qui, lui, est très bien pour trois mois au moins, peut-être davantage, si on l'exige, comme il en est vaguement question. Une seule chose porte ombrage à mes désirs, c'est le manque de temps pour écrire, par exemple, et aussi, et surtout pour me recueillir (1).

(1) Pas commode d'écrire dans le brouhaha de la chambrée à Toul. ni temps ni place. « Nous écrivons nos cours et nos lettres sur une petite table de huit pour quarante hommes. Et l'éclairage manque. Enfin il y a ici des inconvénients et des avantages. La bonne philosophie fait tout entrevoir du côté pratique — le but à atteindre — et fait fermer les yeux quand c'est nécessaire. De sorte que je suis heureux. » (18 oct.)

Toute la journée, nous sommes précipités par des exercices et des cours, et maintenant je perds forcément le bénéfice d'une bonne messe le matin où je puis communier, et le soir, le salut pour réciter mon chapelet pour moi-même, pour toi, petite mère chérie, pour la famille, pour ma petite reine aimée. Enfin j'offre à Dieu chaque matin tout mon cœur, le priant de suppléer à l'impossibilité de mieux faire, et après, oubliant mon ancienne vie plus tranquille, je me jette tout entier aux volontés du programme, transformant en prière les choses les plus banales que l'on m'impose.

Avec cette mentalité, j'en arrive à mieux aimer mes chefs, à apprécier leurs qualités, à fermer les yeux sur leurs manies personnelles (1).

Dimanche matin, 22 octobre 1916.

Petite maman,

Le programme du dimanche, très sévère comme pour les jours de semaine, n'est pas suivi à la lettre. Hier, plusieurs (et j'étais du nombre) ont demandé à entendre la messe.

Le *** nous a autorisés à prendre une heure le matin pour y aller, mais en petit groupe, pour ne pas être vus par Z..., *très sectaire,* qui interdirait la sortie, s'il le savait. J'en ai donc profité pour communier, pour me fortifier et donner l'exemple à bon nombre de mes camarades venus à cette messe. La semence

---

(1) « Me voilà revenu pioupiou avec un fusil, sac chargé, etc... Malgré mon horreur de la caserne, je suis heureux n'entrevoyant que le but. » (14 octobre.)

a porté fruit, et, en sortant, certains m'ont demandé où et quand ils pourraient se confesser. Dimanche prochain, j'espère qu'il y aura plus de monde encore, ayant ouvertement montré la porte aux hésitants. Ne sachant nullement cette facilité de sortir le dimanche matin à 6 heures et demie, j'avais écrit pour demander l'autorisation de communier le soir; j'irai ce soir à 7 heures voir mon bon curé et lui annoncer la chose. Après, j'irai manger en ville pour rentrer à 8 et demie, heure réglementaire. La ville est à 2 kilomètres de la caserne.

Ce lundi, 23 octobre 1916.

Petite mère aimée,

J'ai de nombreuses lettres du 21; la tienne, de P..., d'Yvonne, d'une famille du Doubs.

Toutes sont unanimes à se complaire en mon bonheur, car je ne pourrai le dire assez, je n'ai jamais été si heureux. Tout me contente, le blanc, le noir; tout m'est aisé à faire, et j'accepte tout le sourire sur les lèvres, la joie dans le cœur.

Hier, j'ai passé une bonne soirée, mais j'ai fait des *orgies;* avec des camarades, nous sommes allés au restaurant, un des meilleurs, et nous avons mangé un repas à 3 fr. 50, avec une douzaine d'huîtres à 2 francs en supplément, ce qui a fait 5 fr. 50 ! Un camarade de Bourgogne nous a payé une bouteille de bonne marque qu'il connaissait. Ce qui nous a fait un repas exquis, et pour 8 heures et demie, nous sommes rentrés très gentiment. Il va sans dire que je ne recommencerai pas cet exploit tous les dimanches, car çà deviendrait très onéreux.

Je crois que P... n'a pas de pratique religieuse A partir d'aujourd'hui, je vais l'entreprendre, car il me réclame beaucoup de lettres affectueuses et consolantes. J'ai une grande satisfaction auprès d'un de mes amis Maurice T***, qui va bientôt marcher dans le bon chemin (1). Avant de partir, je lui ai causé longuement; il vient d'écrire à Georges C*** qu'il est resté profondément ému de ma visite.

Ici, on commence également à me connaître, et, dans la chambrée, on ne me parle plus que gentiment.

Tout va donc très bien. Je prie peu, mais tous mes actes sont une bonne prière.

---

(1) A partir de sa conversion René n'eut rien plus à cœur que de ramener à Dieu l'âme de ce camarade dont il a déjà été question dans ses lettres, et dont la vive et franche nature l'intéressait depuis longtemps. C'était un vaillant Lillois, décidé, combatif mais encore éloigné de la religion. René l'entreprit avec une affection persévérante. Qu'il serait intéressant de posséder ces lettres de néophyte, encore malhabile, mais dévoré de zèle, à un frère d'armes moins affermi ! Nous les avons demandées en novembre 1917 : mais voici la seule réponse que nous ayons reçue. Tous les anciens poilus reconnaîtront ce genre d'accident qui les détachait forcément des souvenirs les plus chers :

« Je ne puis, hélas ! t'envoyer de ces lettres que j'eus tant de plaisir à recevoir et surtout à relire dans certains moments d'ennui et de souffrance morale. Au mois de novembre, montant en ligne comme F. M., j'ai remis mon sac individuel aux muletiers qui ont laissé sur la route huit sacs individuels... Le mien était du nombre, et toutes les lettres de René que je conservais bien précieusement ont été par ce fait même introuvables. — Je puis te dire ceci, que grâce à lui j'ai repris pleine et entière cette joie qui depuis si longtemps était comme un point mort en moi, par ces lettres remplies de courage vraiment chrétien, ces paroles de bon sens toujours, ses actes surtout, en ces temps où il fut plus près du danger.

« Je le revois encore longeant ces baraques Adrian, de Minorville, et avec cette chaleur qu'il mettait souvent dans la discussion, cherchant mon point faible, et usant de toute sa verve pour me faire comprendre la bêtise de cette mentalité religieuse qui me possédait à ce moment. Enfin, je ne saurais pas exprimer tout ce que je pense de lui et le chagrin que me cause sa disparition. »

Ce vendredi, 24 octobre 1916.

Très chère maman aimée,

Le matin, nous avons deux heures d'exercices dès le lever, puis deux heures de cours à l'intérieur, et les après-midi tout entières, nous sommes dehors, même quand il pleut.

Plus le soir je suis fatigué, plus je suis heureux. Hier, particulièrement, pour me remettre, je suis allé à l'église à 2 kilomètres d'ici, afin d'assister au salut, et après je suis allé en ville rendre visite à mon curé dont je t'ai parlé. Il est toujours bien aimable, et de ma visite d'une demi-heure, j'ai ressenti le plus doux des réconforts.

Jeudi, 26 octobre 1916.

Très chère petite maman,

Il n'y a rien de nouveau. Je me remue toujours beaucoup et je sens que çà me fait du bien physiquement en me donnant de l'endurance et de l'énergie, moralement, en m'entretenant dans un état de gaîté constante qui plaît à mon entourage, et qui me permettra de faire des adeptes au point de vue religieux.

Samedi, 28 octobre 1916.

Petite maman chérie,

Depuis deux jours, nous n'avons plus, comme au front, qu'un courrier par jour. Ceci est expliqué par le départ du général d'armée : pendant sa présence, le central postal était près de lui, et l'a suivi.

Le lieutenant qui nous commande est très gentil et plaît beaucoup à tous. Quant au capitaine directeur, il inspire la terreur et ne passe sur rien. C'est un homme très dur pour lui-même et, par suite, usant de la même rigueur pour les autres. Il a une très grande valeur, car sa science est profonde, et son élocution ne tarit pas. Avec lui, nous avons aussi plusieurs cours par semaine, et sa façon d'enseigner fait croire que nous avons affaire à un professeur de faculté. Il est petit, maigre, et aussi nerveux que strict dans son commandement militaire.

D'aucuns le trouvent trop dur; pour moi, je le préfère ainsi, car il oblige à plus de travail; si l'on prend la peine de bien suivre ses conseils, on ne peut que profiter de son mode d'enseignement.

Le régime nourriture est mieux que celui du régiment; mais pourtant le grand air et le mouvement me forcent à me payer des suppléments en dessert, en hors-d'œuvre et en vin. Le soir je vais au salut à 1.800 mètres d'ici.

Dimanche, 29 octobre 1916.

Maman chérie,

Ce matin, dimanche, à 6 heures et demie, je suis allé à la messe avec des camarades, et j'y ai communié pour toutes les intentions de ce qui m'est nécessaire personnellement, puis pour toi, ma petite maman aimée. Tu es toujours la première dans mes prières, et après je n'oublie pas le petit ange de mon futur foyer.

Il y a quelques jeunes gens très gentils avec qui l'on peut risquer une liaison.

Les autres, je n'y fais guère attention, ayant plus à perdre à leur contact qu'à gagner.

En revenant de la messe, il y a eu douche à la caserne. Elles sont admirablement bien installées; tous les dimanches elles sont prescrites.

Après la douche on se nettoie, puis on approprie ses effets, on démonte son fusil, et le soir, vers 3 heures et demie, on nous donne nos laissez-passer pour la ville. De ce fait, je vais manger au restaurant, et reprendre par un excellent dîner des forces pour toute la semaine. Le temps est mauvais depuis plusieurs jours; hier, toute l'après-midi, nous avons fait l'exercice sous la pluie battante dans un terrain labouré avec 25 centimètres d'eau. En arrivant, nous étions dans un bel état, comme tu le penses. Aussi, aujourd'hui, nos capotes sont étendues sur nos lits pour sécher un peu jusqu'à demain. Le soir, après avoir changé de chaussures, je suis tout de même allé au salut.

Toul, le dimanche 29 octobre 1916.

(A son directeur).

Dans le courant de la semaine, j'ai lu avec intérêt les lignes consolantes que vous m'avez adressées. Je me serais nettement retranché derrière vos conseils pour la communion, et, comme pour tous les jours de la semaine, j'en aurais, le dimanche, offert le sacrifice au bon Dieu, de toute la force de mon intention, si samedi, le ***, sur ma demande, n'avait consenti à ce que les pratiquants puissent assister à la messe, le lendemain dimanche.

Pour nous soustraire au sectarisme de *** il n'a

posé comme condition, que de sortir en petit groupe, et de revenir à la caserne sitôt la fin de l'office. Ainsi donc, il y a huit jours, comme aujourd'hui, j'ai eu le bonheur de m'approcher de l'Eucharistie, et j'ai été suivi d'un ou deux de mes camarades. J'ai dans ma chambrée un jeune séminariste de Toulouse; c'est un très bon petit ami sur lequel je puis me baser comme appui moral.

Les études se poursuivent avec ténacité. Je profite des quelques minutes de liberté données à nos soins matériels, pour vous écrire...

Le 1er novembre, nous n'aurons pas de repos; le programme paraît comme plus chargé pour ce jour-là. Nous sommes soumis à ce règlement; il faut malheureusement nous y soumettre; mais il me semble, que là où il n'y a pas nécessité de travail pour les besoins du service, une réclamation au G. Q. G. ou au ministère porterait ses fruits.

Pour ma conduite spirituelle, je m'efforce de m'observer, afin de devenir l'officier que vous exigez de moi, pour la gloire du Sacré-Cœur et la propagation de son nom.

Je prie pour vous, mon Père, que Dieu vous aide à me conduire dans le chemin du bonheur.

Dimanche, 12 novembre 1916.

Petite mère aimée,

Cinq lettres aujourd'hui, dont deux particulièrement chères et douces, m'apportant des vœux de bonne fête. Avec quelle joie je les accepte, je ne puis te dépeindre le beau rayon de soleil qui descend aujourd'hui dans mon âme. J'ai commencé la journée par une bonne communion, en priant mon saint patron de penser à moi tout spécialement pour l'heure présente et la vie future, afin que bientôt je sois rendu à ma maman chérie et à ma petite reine. Et puis, je m'en suis revenu le cœur léger des choses matérielles, mais lourd de tout ce bien surnaturel, grâce aux prières émanant de tous les coins de France, et qui, en ce moment, retombent sur moi, non pas en pluie, mais en torrent de grâces !

Et comme pour parfaire cette sérénité intérieure, le soleil, après une nuit de gelée, darde sa splendeur autour de moi.

Il était 10 heures, le courrier, te disais-je, m'apportait ce flot de bons vœux, et Mad... m'envoyait une magnifique boîte de chocolats fins. Elle ne m'en souffle mot dans sa lettre, toujours elle est la délicatesse même, mais la grande chocolaterie de la rue Victor-Hugo me dévoile l'origine.

Vas-tu bien me permettre d'abréger ma lettre un peu pour partager mon temps avec ma petite reine, qui doit attendre une lettre très impatiemment.

Je ne lui ai pas écrit depuis dimanche, je la néglige un peu depuis mes cours, mais, malgré mon désir, je ne puis faire autrement.

Merci, petite mère chérie, des vœux qui me font plaisir et des gâteries que tu as l'intention de m'envoyer; tu vas faire prendre des habitudes de trop grande douceur à ton petit. Il t'aime profondément de tout son cœur ainsi que tante Léonie.

René.

Ce samedi, 18 novembre 1916.

Petite mère aimée,

Eh ! oui, le temps passe vite; voilà cinq semaines aujourd'hui que nous sommes aux cours, et l'on parle (entre nous) que les cours finiront fin décembre et non quinze janvier.

Qu'y a-t-il de vrai? Qu'importe, il faut se laisser vivre au jour le jour confiant en Dieu et le priant pour le présent et l'avenir (1).

Notre visite aux ballons dirigeables a été rendue très intéressante par une explication approfondie des ballons eux-mêmes, de leur fonctionnement, leurs principes, la fabrication de l'hydrogène et la pression du gaz à transporter. Nous étions tous ravis, les ingénieurs ont été charmants.

Toul, ce 22 novembre 1916.

(A son directeur).

Vous êtes bien bon de prendre la peine de m'écrire longuement des conseils qu'avec la plus stricte rigueur, je m'efforce de mettre en pratique. Je veux être, — devenir, — un homme dans toute la force du mot. Pour cela, je ne saurais trop vous demander de bien vouloir continuer à m'en tracer les marques, afin de ne pas me tromper de route. Je vous avoue, je

(1) Plus il approchera du dénouement, plus il reviendra sur ce thême de la confiance filiale absolue « en la Providence qui me conduira mieux que je ne pourrais le faire moi-même. » « Il faut toujours se confier au Bon Dieu. »

fais tous mes efforts pour profiter de la grâce du bon Dieu, et pourtant j'ai, malgré tout, des défaillances.

Profondément attristé après le péché, et me sentant si isolé, je ne puis résister au besoin de me réconcilier; et sans plus tarder je suis allé à chaque fois avouer ma faute. Je comptais rencontrer ici au moins quelques camarades. Au point de vue *grosse* pratique religieuse, sur 150, j'en compte 25; mais si j'approfondis pour demander une *attention de conversation*, hélas! je n'ai personne près de moi. C'est peut-être, voyez-vous, que j'exige trop de retenue et de réserve; mais enfin, pour moi, c'est *tout l'un ou tout l'autre*. A ce point de vue, je suis *seul*, et je continuerai seul. J'ai le bon Dieu avec moi, cela me suffit. J'ai encore beaucoup de force et de courage pour continuer ainsi, quelles que soient les railleries des sots...

Je vous remercie beaucoup de m'avoir donné le nom de M. Devuyst. Je compte bien trouver en ce prêtre un bon moyen de me fortifier dans ma foi.

Je vous écris assis sur mon lit, au milieu du brouhaha d'une chambrée turbulente. Je vous prie d'excuser le décousu de ma lettre, mais je puis vous l'affirmer, elle ne fait qu'émaner du cœur de votre respectueux

René.

Ce dimanche, 26 novembre 1916.

Petite mère chérie,

Hier donc, c'était Paul... qui me conseillait, aujourd'hui par quatre grandes pages si bonnes, si affectueuses, si maternelles, tu me redis les grâces dont je profite comme un égoïste, sans m'en rendre un compte bien exact.

Oh ! oui, chère petite mère, combien de jeunes caractères, des deux sexes se sont perdus, ou n'ont pas été amenés à leur apogée, à la vraie conception de la vie, parce qu'ils ont manqué de quelqu'un pour le leur dire.

Je reconnais que, pour moi, mon plus grand défaut, celui dont je souffre le plus tous les jours, et vis-à-vis des miens et de mes camarades, c'est cette promptitude de décision qui ne veut chez les autres que des qualités, faisant crime des moindres défauts (1). Merci, ma chère petite mère, de m'aimer à ce point; je reconnais que je ne suis pas toujours très digne des nombreuses grâces dont je suis comblé; trop souvent j'oublie tout ce que le bon Dieu a fait pour moi, et sans crainte de faire de la peine, je néglige l'éducation que tu m'as donnée et que tu t'efforces de m'inculquer tous les jours avec constance et fidélité. J'oublie que d'autres n'ont pas ce même bonheur, et j'attends d'eux des qualités et des attentions que je ne mets pas en valeur moi-même. A l'avenir, je me dirai qu'avant d'avoir donné bon exemple à autrui, j'ai commencé par beaucoup de mal; mille fois il a fallu me renouveler les enseignements; et que par conséquent il me faut, à l'avenir, user de

---

(1) « La douleur et la peine, écrivait-il un jour, nous auront fait plus grands et meilleurs. » (18 août 1916.) Elles produisirent, entre autres, chez ce jeune homme si porté à la critique intransigeante, l'un de leurs plus admirables effets : comprendre les difficultés d'autrui, y compatir, lui pardonner : « Mon affection, dès ce jour, s'est accrue pour elle, car je ne comprenais que trop ses peines... » Et ailleurs : « J'écrirai de temps en temps à X*** pour l'encourager : il faut se mettre à sa place ;dans ce cas nous serions particulièrement sensibles à cette attention ».

bonté et de patience. Ici, encore, la religion dans laquelle tu as conduit mes pas avec un soin maternel, vient me dire tout le bénéfice que je ressentirai des efforts faits sur moi-même, et si l'homme ne reconnaît pas ouvertement le sacrifice que j'aurai fait pour lui, Dieu au moins, m'en récompensera soit présentement, comme l'a dit le Sacré-Cœur, soit plus tard quand nous serons réunis.

Désormais, chère petite maman, je songerai le plus souvent possible à ce secours moral que je réclame des autres sans réciprocité.

Au contraire, je veux, à l'avenir, oublier le plus possible les défauts des autres pour ne voir que leurs qualités. La tâche sera très dure, car l'orgueil c'est mon péché dominant, mais après tes conseils, je me sens plus aidé, plus souple. Je prierai à cette intention, afin que Dieu me rende l'effort moins pénible, et avec son secours, je suis certain d'arriver au but proposé.

Ce matin, j'ai servi la messe à la petite église où il y avait beaucoup de monde.

Ce jeudi, 30 novembre 1916.

Très chère petite mère,

Figure-toi que je suis bien au chaud dans le bureau du vaguemestre qui depuis quelques jours m'a pris en sympathie, et hier soir me sachant souffrant, m'a invité à venir me chauffer chez lui. C'est un sergent-major très aimable, ayant je crois une bonne situation, comme fabricant de soie en gros à Lyon. Il est d'une très bonne éducation, et avec lui je m'entends à ravir; nous discutons sur des sujets profonds et sérieux.

Repose-toi donc, chère petite mère, pour ton petit qui reviendra plus tard te chercher pour ne plus te quitter.

Je suis toujours de plus en plus heureux d'être où je suis, je n'aspire qu'à combattre. Sache, maman chérie, que j'ai avec moi une force qui me fait tout accepter avec le sourire, c'est le bon Dieu et sœur Thérèse de l'Enfant-Jésus (1).

La douceur et la pondération, je m'efforce de les gagner tous les jours; ce sont des vertus bien belles que je reconnais me manquer un peu, mais ma petite protectrice du ciel me garde et veille sur moi, je ne puis manquer de confiance en elle.

Ce 1er décembre 1916.

Petite mère,

Deux lettres exquises m'arrivent au courrier, la tienne contenant la copie du passage de l'Abbé Buathier (2), l'autre émane du P. A*** avec des conseils vraiment supérieurs. Jamais, il me semble, je ne me suis senti si aimé, et, partant, si heureux. Et remontant à la cause de ces forces qui me sont données par

---

(1) Le 10 juillet précédent il écrivait : « Tout ce passé gros de souffrances puisse-t-il disparaître devant les projets de l'avenir; celui que sœur Thérèse nous fera par sa protection spéciale. Je m'unirai d'intention le 12 et les jours suivants à la neuvaine du Carmel de Lisieux... Cela me fait plaisir et *m'augure de grands biens pour* l'avenir. »

(2) Il s'agit sans doute d'un passage du magnifique ouvrage intitulé *le Sacrifice*, que tant de nos héros ont lu pendant la guerre pour leur meilleur réconfort.

ce seul jour, je ne vois que le bon Dieu guidant votre plume, pour me dicter, sous une forme si bonne et si douce, la conduite à suivre pour l'aimer davantage. Oui, chère petite mère, je comprends tout ce que tu me dis; je comprends que s'il m'avait fallu deviner tout ce que tu prends la peine de m'écrire affectueusement, j'en serais encore à la première lettre de mon alphabet; et peut-être, comme beaucoup (que j'ai le tort de mépriser), au lieu de gagner, je piétinerais sur place, je reculerais, et alors je serais très loin du bon Dieu, qui me comble à toute minute de sa pluie de grâces.

Modérer mon caractère, hélas! ce sera très dur, mais tu me procures tant de facilités, que la tâche est aux trois quarts réduite, et je n'ai plus qu'à me laisser glisser sur la pente de la mansuétude.

Je puis t'affirmer, chère petite mère, que si je n'arrive pas à la perfection dans ce sens, c'est que j'aurai eu beaucoup à faire, mais j'aurai mis, malgré tout, à profit tes conseils et ceux du P. A***. Ici, encore, j'ai à remercier Dieu de m'avoir donné comme directeur de conscience ce saint homme, d'une conception si juste des choses, qui me trace, avec une netteté absolue, la marche à suivre pour ne pas me tromper sur le chemin, non seulement du « bien », mais du « parfait ».

Ce dimanche, 3 décembre 1916.

Très chère petite mère,

Me voilà à la tête de presque 90 francs. Et Marthe parle de m'envoyer encore un petit mandat de crainte que je n'en manque...

J'admire comme toi le courage de notre chère

grande, mais j'ai admiré d'abord le tien; il me reste à montrer à mon tour toute mon énergie, et j'ai hâte de pouvoir le faire.

Ce lundi, 4 décembre 1916.

Chère petite mère,

Je suis sorti me promener hier après-midi avec deux bons amis sérieux, hommes d'âge tous deux. J'affectionne plus spécialement ces compagnies que celles des autres jeunes gens de mon âge. Je goûte une conversation plus agréable et plus posée. Le temps était splendide, le soleil se montrait avec gaîté; nous sommes allés le long de l'eau : le dirigeable que j'étais allé visiter, évoluait sur notre tête et nous sommes arrivés au hangar juste au moment de sa descente.

Je suis revenu à 8 heures et demie pour me coucher dans d'exquises dispositions et recommencer une semaine.

Les jeunes chefs de section mènent une vie aussi intéressante que bien occupée, vont « faire des promenades pour examiner des travaux de défense et des ateliers spéciaux de construction ». Et ce sont des « lancements de grenades de tout genre, exercices avec les avions, transmission à la T. S. F. et par signaux lumineux de projecteurs, feux de bengale, fusées, etc. des exercices d'avant-garde à travers la campagne, où l'on franchit barrières, fossés, bois, collines, etc., et d'où l'on rentre fourbus, sans avoir le loisir de se disputer. C'est aussi l'étude du nouveau règlement d'attaque. Le 6 décembre, il obtient le record de la section en abattant vingt-deux silhouettes au fusil-mitrailleur.

Ce mardi, 5 décembre 1916.

Chère petite mère,

Mon caractère est si vif qu'il ne se passe pas de jours sans que je sois obligé de regretter telle ou telle parole envers des camarades. Par contre, j'ai été si poussé par la grâce, qu'il ne me semble pas être arrivé à un certain degré de sagesse avec beaucoup de peine. Je vis dans un milieu bien perverti, et, cependant, les railleries constantes, je les supporte vaillamment, sans trop en souffrir. C'est là, surtout, que je reconnais le bénéfice de la grâce.

Qu'importe l'œuvre des hommes? il y a quelque chose de plus beau dans notre idéal de chrétien, voilà pourquoi je ne me laisse pas abattre.

De tout cœur je lis et je relis les lignes de l'abbé Buathier si vraies et si salutaires à l'âme en détresse.

On peut, il me semble, les apprendre par cœur pour les mieux appliquer chaque jour.

8 décembre 1915.

C'est aujourd'hui la fête de l'Immaculée. Dans le temps, nous la célébrions avec le plus de solennité possible. Maintenant, les choses extérieures ne sont plus possibles, mais le cœur comme autrefois, et plus même, puisque les circonstances veulent davantage, élève vers le ciel les prières pour soi et les siens. Je demanderai à la Sainte Vierge, tout en me rendant à l'exercice, beaucoup de grâces pour maintenant et plus tard.

(Toul), ce dimanche, 10 décembre 1916.

Je vais, cette après-midi, aller voir le libraire pour lui acheter l'*Introduction à la vie dévote*, par saint François de Sales.

Je crois, comme toi, petite mère, que ce livre peut

être posé comme modèle, car saint François dit : « D'aucuns ont traité de la dévotion pour ceux qui sont à l'écart du commerce du monde ou qui y aspirent, tandis que je me suis appliqué, au contraire, à une tâche plus pratique, en dictant la vie dévote pour le monde, la cour et ceux qui vivent de la vie commune. »

Toul, ce 11 décembre 1916.

(A son directeur).

Alors que je lisais votre lettre du 27, j'en ouvrais une de ma chère maman, me donnant ses conseils maternels pour me conduire à la plus belle perfection de cette terre. Pour elle, je n'ai pas de secret, je crois vous l'avoir dit... J'ai le *grand* défaut de ne pas savoir supporter les moindres défauts chez les autres, et je me rends susceptible, au plus haut degré, de leurs imperfections. Et je reçois de maman ces réponses très justes : Nous avons tous nos caractères, pourquoi vouloir que chacun se plie et se perfectionne dans le sens qui nous est habituel? Les défauts qui nous font peine ne sont pas crimes, ils sont causés par les caractères qui restent sous l'empire des natures non rectifiées...

Mais voici une difficulté. A bien analyser les différents côtés de ma progression, j'en suis arrivé à me demander, si en désirant concilier dans mes relations, et les vrais esprits résolus, et les quelconques, je ne tomberais pas moi-même dans une mentalité moins parfaite que celle que je conçois et me suis proposée? Croyez-vous que ce n'est pas se risquer beaucoup que de se livrer par complaisance au contact de vulgaires, et par conséquence de se laisser absorber petit à petit par l'influence du milieu?

Alors, à bien réfléchir, je me suis dit : Non, je reste ce que je suis. Que m'importe d'être jugé mal d'une certaine catégorie d'individus, même en nombre supérieur? Il vaut mieux peu, très peu d'amis, qu'une foule de mauvais ou de ceux que je qualifie de quelconques. Les *autres*, c'est beaucoup; mais *soi* avant tout, car nous n'aurons à rendre compte que de nos actes personnels.

... Je vous avoue, mon Père, je souffre de cette façon de *devoir être* et *que je crois devoir observer*, si je veux arriver à la parfaite dévotion telle que l'entend saint François de Sales. Je trouve une grande difficulté de ce côté, et cependant la vie, quant au reste, m'est douce.

J'écoule mes jours dans un état d'esprit qui me surprend, si je fais retour sur mon passé d'il y a un an, pas encore. — J'ai en ma bonne mère une affection parfaite. Dieu, par la délicate estime d'une jeune fille me laisse espérer un mariage vraiment tel que je le désire, et *cependant, avec un calme indéfinissable, pour jouir du bonheur des élus, j'abandonnerai* (sic), *le sourire aux lèvres, ces affections terrestres et pourtant chères*. Si je suis attiré aux difficultés et aux luttes de la vie, je me résigne à l'avance à toute l'âpreté de la tâche, toujours dans le dessein de plaire à Dieu, et de mériter plus largement ma place au Ciel.

... Union de prières pour votre frère qui a, lui, devancé l'appel heureux, et en vous remerciant de tout mon cœur chrétien...

René.

Ce mercredi, 15 décembre 1916.

Ma chère Marthe,

Je reçois ton petit mot du 11 et t'en remercie. Je tiens à te répondre pour que tu comprennes mon état d'esprit, qui, j'en conviens, est tout spécial. Tu me demandes s'il y a eu réflexion de ma part avant de demander à partir dans l'active et surtout aux chasseurs à pied.

Je te répondrai : « Oui », mais avec une mentalité toute à moi. Écoute, j'ai au fond du cœur du patriotisme, oui, mais quant à en avoir plus que d'autres, il faut dire, je ne crois pas.

J'ai vingt-cinq ans, je n'attends pas des hommes de bien hautes consolations, ni de grandes récompenses, pourtant, si je puis développer une certaine valeur et de l'énergie, je ne crois pas rester isolé et à l'écart. Alors, par amour-propre, je serai fier de moi parce que ma famille et ma petite Mad... le seront. Voilà pour ce qui est du côté purement satisfaction humaine. Considérant mes convictions religieuses, je me place en face de cette alternative : ou la vie sauve par protection ou la simple blessure ou alors la mort. Je commence par cette dernière, possible. La vie n'est qu'un passage, il faut se conduire pour soi-même d'abord, et pour les autres ensuite. La famille, les amis, les affections ne sont que des formes de mouvements autour de soi, pour arriver au but : la mort. Tout est donc de bien mourir. Pour moi la vie serait abrégée au delà de mes espérances, et ce sacrifice servirait à aider les miens à supporter la douleur de la séparation passagère. Mais mon idée journalière est moins absolue, et je prie tous les jours pour être soigné sur le champ de bataille par sœur Thérèse de l'Enfant-Jésus; donc il faut pour cela que je sois au danger afin d'avoir l'occasion d'être blessé. C'est une idée bizarre, mais qui ne quitte pas mon cerveau, et, pour y arriver, je franchis tous les obstacles (1). Je sais maintenant que ma demande pour l'active est acceptée.

Maman sera peut-être un peu impressionnée, mais Dieu est là, et je le prie de tout mon cœur, avec un confiance entière.

Unis-toi, ma chérie, dans mes mêmes sentiments, pour que je sois exaucé, ne perdant pas de vue que je demande à sœur Thérèse un réel miracle, mais qu'elle a fait à d'autres qui l'ont priée.

Je t'embrasse de tout mon cœur.

Ton petit

RENÉ.

Pour 1 fr. 25, je me suis acheté l'*Introduction à la vie dévote,* par saint François de Sales, je crois que ce livre ne me quittera plus, tant il est bien écrit et nécessaire pour se bien conduire. Il y a une préface d'Henry Bordeaux, explicative et de grande valeur, J'ai trouvé ce livre dans la collection Nelson, très bien reliée.

---

(1) Comment cette idée d'une protection singulière de la petite sœur Thérèse avait elle germé dans l'âme de René? Par quelques récits sans doute de soldats admirateurs et bénéficiaires de cette céleste protection. « Je suis très content surtout de celles (les prières) adressées à sœur Thérèse, car ma confiance en elle ne faiblit pas. Je lui demande tous les jours de venir me secourir sur le champ de bataille, de me protéger, et si je suis blessé, de venir me soigner elle-même, comme elle l'a fait à plusieurs de ses fervents protégés... (1er février.)

J'en ai lu quelques pages hier, au café, je suis profondément impressionné par les termes de l'auteur et de sa façon de procéder pour atteindre les cœurs qui ont été touchés par la grâce de Dieu, comme Philothée, c'est-à-dire l'âme amoureuse de Dieu, pour employer son mot.

(Toul), ce dimanche, 17 décembre 1916.

Très chère petite mère,

Nous avons commencé hier l'interrogatoire final, qui doit servir à nous noter pour l'envoi dans les régiments et nous faire passer chefs de section, c'est-à-dire ou sous-lieutenant ou adjudant, dans un temps illimité.

Ne connaissant que peu le service d'infanterie, je ne me presse pas de vouloir monter en grade, afin de bien être digne toujours de la responsabilité de celui qu'on me décernera. Plus tard, après l'expérience du service, je ferai tout mon possible pour gravir l'échelle, si toutefois Dieu le veut; car je me livre entièrement à sa volonté.

J'ai hâte de me voir mêlé à ceux que l'on proclame les héros, et à prendre ma part bien petite de cette satisfaction d'ici-bas qu'on appelle la gloire. J'envisage très froidement les choses, mêlant, avec le même sentiment de calme, les horreurs de la guerre et la monotonie paisible de la vie. Je sens très bien que je jonglerai avec le danger, comme le prestidigitateur, avec une assurance que seul le calme de la conscience fournit en ces occasions. Qu'ai-je à craindre en effet, ma petite mère chérie, puisque le mieux que je le puis, grâce à tes bons conseils assidus, je suis toujours en communauté avec Dieu. Je *suis prêt*, par là, à *lui appartenir quand Il le voudra*, et s'Il juge qu'une longue vie sera utile pour qu'avec ma petite Mad..., je proclame sa gloire : avec la même vaillance, avec le même sourire, je suis là pour répondre à son désir divin et proclamer son existence et sa puissance.

Tu vois, petite maman, combien je suis heureux de cette paix, que peut-être peu de chrétiens ressentent, parce que le bon Dieu m'a fait depuis quelques mois la grâce de mieux le comprendre.

Autrefois, j'eusse été effrayé de me voir jeté au milieu de la bourrasque belliqueuse: je ne comprenais pas que l'on pût se détacher de la terre et de ses satisfactions factices. Aujourd'hui, j'admets la possibilité de l'un et de l'autre, me préparant à toute éventualité ou me disposant à suivre mon but ici-bas. Pour l'instant, je suis tout à l'idée du congé; et sous l'inspiration des deux livres que tu m'as conseillés, je médite sagement les événements. Mais j'ajoute, non avec moins d'empressement, pas à pas, *je veux* arriver à me changer.

Ce jeudi, 21 décembre 1916.

Petite mère aimée,

Un gros courrier m'arrive dans un moment de presse, à la veille de l'examen final. Je serai par suite bref, quoique tout mon cœur te soit toujours acquis.

J'ai également beaucoup causé avec ce M. P..., homme calme, d'expérience et de bon jugement, qui a employé pour me faire comprendre les mêmes mots qui te sont suggérés aujourd'hui. Il faut être bon envers les siens et ne *jamais se faire juge.* C'est très vrai, je prends bonne note, croyant pouvoir mettre en pratique mes résolutions, et en tout cas gagner chaque jour davantage de ce côté vers la perfection.

Je ne suis nullement effrayé de me trouver au danger.

Je n'attends qu'impatiemment de savoir le numéro de mon nouveau régiment. Si j'ai le choix, à tout point de vue, je demanderai les petits chasseurs, on n'y est guère plus exposé, mais l'arme est plus distinguée et plus vive, ce qui convient à mon tempérament.

Ce vendredi, 22 décembre 1916.

Ma petite mère,

J'ai fini complètement les interrogations de fin de cours. Je n'ai pas été absolument transcendant; mais cependant je m'en suis tiré, à l'égal de beaucoup de mes camarades. L'influence de la recommandation fera beaucoup, m'a-t-on dit. Je n'en suis pas surpris, à en juger par une quinzaine qui, il y a quelques jours, sont passés sergents sans que l'on sache pourquoi ni comment. Enfin il y en a d'autres, et la majeure partie, qui, comme moi, n'auront d'autre chance que leur valeur personnelle.

Ce samedi, 23 décembre 1916.

Petite mère chérie,

Toutes tes lettres de ce mois me sont parvenues aujourd'hui, c'est le numéro 14. Je suis très surpris de lire le nom du P. Matthéo, mais agréablement. Tous mes regrets de ne pas avoir pu l'apprécier à l'égal des assistants. Ses paroles donnent toujours des principes qui s'enracinent profondément dans le cœur et qui, quelque peu cultivés, ne peuvent que donner une moisson généreuse et abondante.

Le temps est affreux, mais, sans répit, on nous fait faire l'exercice jusqu'à la dernière minute.

Le jour de la Noël, nous sortirons comme les jours de semaine, c'est ignoble, mais le *** est très dur.

Ce dimanche, 24 décembre 1916.

Petite mère aimée,

Je lis ce que sera mon congé, et je me réjouis de passer quelques jours avec tante Léonie, puis de revoir ma petite Mad... Quand j'y songe, il me semble rêver. Il y a même des moments où la douceur de ses traits disparaît tout à fait de ma pensée. Je prononce son nom comme un vague souvenir. et cependant, ma pauvre chérie, je l'aime malgré tout de plus en plus.

Cette permission, va me permettre de faire raviver notre amour et de nous encourager pour l'avenir. Je te remercie surtout, ma petite mère, de bien vouloir me donner le temps de la revoir avant de retourner au front.

On m'a dit qu'elle devenait tout à fait gentille, nous constaterons ensemble les progrès survenus depuis un an, et toi, je crois qu'il y a près de deux ans que tu ne l'as vue.

Demain, Noël, nous avons exercice comme les

jours de semaine; le ***, t'ai-je dit, est intransigeant. Pourtant, par faveur, il nous donne jusqu'à huit heures du matin pour aller à l'église; c'est déjà presque une amabilité.

Toul, ce 25 décembre 1916.

Chère petite mère,

Rien de ce qui fut autrefois ne vibre dans mon cœur pour me chanter le Noël joyeux des années précédentes. Ce matin, seulement, pendant quelques minutes à la messe et par la sainte Communion, les choses extérieures de l'église témoignaient d'un jour de grande fête; les ornements de l'autel étaient tout dorés. Et bientôt il me fallut rejoindre la caserne pour y faire acte de présence comme s'il se fût agi d'un lundi ordinaire. Tandis que, dans le monde, les cloches ont pris leurs accents célestes pour signaler aux hommes l'anniversaire du Maître tout-puissant, dans les événements que nous traversons on en est à ignorer les plus belles et les plus douces fêtes des âmes chrétiennes. Cette après-midi, nous allons faire l'exercice, il fait un vent à déraciner tous les arbres, bien des cheminées ont disparu de leur emplacement pour s'abattre dans les rues.

Le 27 décembre 1916.

(A son directeur de conscience).

Avant que de partir pour la grotte de la Vierge de Lourdes, laissez-moi en cette fin d'année vous traduire les vœux que je forme chrétiennement à votre intention...

... Je crois toutefois en une issue favorable pour le courant de l'année prochaine. Alors, si le sort nous a épargnés, nous reviendrons plus fermes, plus vaillants, plus énergiques, en rapport avec les souffrances qui auront été nôtres. Car l'homme n'est vraiment grand que par la souffrance bien comprise.

Dernière permission, deux jours à Pau puis à Lourdes avec sa mère; visite à son frère aîné à L... C'était le dernier revoir, hélas ! — Un seul repas joyeux les réunit, et mère et fils prirent la route de Paris où René jouit de la présence de sa chère fiancée cinq jours durant.

Puis vint la séparation, les larmes cachées sous le sourire contraint, les fleurs et les baisers échangés et, quand le train s'ébranla, la neige se mit à tomber comme un linceul sur les êtres endoloris.

Ceux qui connaissaient bien le noble cœur disent qu'à ce voyage de Lourdes, il s'offrit tout entier, en holocauste, au bon plaisir de Dieu.

Ce mercredi 11 janvier 1917.

Petite mère,

Hier je n'ai pu t'écrire, et aujourd'hui je me presse, car, depuis deux jours, je suis allé à la 88e division, d'où on m'a dirigé (ne vas-tu pas être trop mécontente?) au 2e bataillon de chasseurs.

Pour moi, je ne peux qu'en être infiniment ravi. Je vais demain à ma nouvelle division qui est maintenant la 11e au lieu de la 88e. Je ne te donne aucune adresse, je ne connais pas le secteur, mais je te l'écrirai demain, au moins sur une carte.

Le 2e bataillon est dans la région et tient un petit secteur très calme. Je vais très bien; hier, comme aujourd'hui, j'ai couché à l'hôtel, tu vois que je me soigne.

Ton petit t'embrasse, chère petite mère, de tout son cœur.

RENÉ.

Ce 12 janvier 1917.

Très chère petite maman,

Je suis toujours à courir sur les grandes routes pour rejoindre le 2e bataillon de chasseurs à pied qui est au secteur 126.

Je suis dans un petit pays où j'attends un train ce soir, qui doit me rapprocher de quelques kilomètres. Après j'aurai encore 8 à 9 kilomètres à faire pour atteindre... (Jeandelaincourt, près de Custines). J'espère que demain j'y serai dans la matinée. De là, je recevrai une assignation spéciale pour une compagnie.

Il fait un temps épouvantable; ce matin il y a eu des bourrasques de neige, la campagne est toute blanche.

Depuis trois jours je vis à mes frais, dans les hôtels et auberges; quand je suis fatigué, je m'arrête, et la nuit je couche dans un bon lit. Aussi, vois-tu, ce régime me va si bien que j'ai une mine superbe. Si j'ai l'occasion, dans quelque temps, je me ferai photographier, et tu pourras juger par toi-même.

Le 9 janvier il est nommé sergent. « Décidément je suis trop gâté, écrit-il, ce jour. » Le 23, il rejoint son nouveau B. C. P. Il veut, dit-il, en tout faire comme les autres, ne prétendre à aucune faveur, aucune exception. Il a gardé son air martial et débrouillard, tout à fait seyant pour un petit chasseur à pied. Mais il a perdu cette apparence facilement agressive qu'il avait encore il y a huit mois. C'est que dans l'intervalle il s'est fait le disciple doux et humble du Sacré-Cœur. Depuis le 1er juin, date approximative où il a commencé de cultiver en lui la vie intérieure, il a brûlé bien des étapes. « Le bon Dieu me comble de ses grâces », écrivait-il en plein surmenage de Toul (17 novembre). Les jours sont comptés désormais. Pendant ces quatre mois il va encore purifier son âme par le détachement de tout le créé, l'enrichir aussi par l'amour des biens éternels qui sont si proches désormais.

Ce dimanche, 14 janvier 1917.

Ma petite maman,

Je suis arrivé hier dans mon nouveau bataillon, on m'a affecté à une compagnie que j'ai rejointe aux tranchées, à quelques kilomètres de là, dans un bois comme à Remières.

Nous serons déjà relevés dans deux jours pour aller au repos à l'arrière. Je suis avec de bons officiers que je n'ai vus que quelques minutes, mais que les camarades m'ont dit être gentils, sauf un. Mes camarades sous-officiers sont tous très aimables, et d'une toute autre mentalité que...

En général, ils sont tous jeunes, même de quelques années de moins que moi. Tu vois que je m'accorderai mieux avec ceux-ci, qui n'ont pas dans la bouche les paroles grossières des hommes plus âgés. D'avoir changé, je n'ai qu'à me féliciter et à remercier le bon Dieu.

Nous mangeons très bien, en une petite popote de sous-officiers de neuf, pour un supplément de 1 franc par jour. Le service n'est pas absolument pénible, il est surtout important la nuit. Les Boches sont à 1.800 mètres; un ruisseau (?) de 200 mètres de largeur empêche toute irruption de part et d'autre.

Mercredi, 17 janvier 1917.

Petite mère,

Surtout ne sois pas inquiète de rester parfois un jour ou deux sans lettre, car je n'ai plus comme dans le temps les mêmes aises. Je suis le poilu en plein. Alors, donc, je suis arrivé aux chasseurs samedi. Je me suis mis au courant des consignes du secteur, et j'ai commencé mon service. Çà n'a pas été bien long. Ce midi, nous quittions les lieux, laissant le secteur, coïncidence bizarre, au 83e. A huit heures du soir nous partions, à travers 2 kilomètres de boue et d'eau pour atteindre une route; nous en avions jusqu'au haut du mollet, et après, nous avons fait 32 kilomètres pour arriver à 4 heures et demie du matin. Je ne parle pas de la fatigue que nous avons eue, plus de cinquante poilus sont restés en route. Nous repartons demain matin, le bataillon traversera une grande ville préfecture (Nancy), pour aller à 20 kilomètres embarquer pour une destination inconnue. Je n'ai pas encore reçu une seule lettre depuis mon départ de l'école; peut-être aujourd'hui les correspondances mettent plus de temps pour nous; les camarades disaient hier soir que les lettres de Paris mettaient cinq jours. A raison de un franc par nuit, j'ai trouvé un lit; tu comprends si j'ai sauté dessus pour mes deux nuits à faire ici. La vie est toute changée pour moi. L'esprit de ces régiments est gai, entraînant et encourageant. Les choses les plus dures deviennent presque simples et naturelles. Il y a beaucoup de jeunes gens des classes 14, 15 et 16, et même 17. Je me demande ce que tu deviens ainsi que petite reine que j'ai quittée bien vite pour ne pas la voir souffrir de mon départ. Sans doute un gros paquet de lettres m'arriveront bientôt quand on aura reçu mon adresse.

Ma petite maman, je t'écrirai sans doute après-demain seulement, car demain il y a marche. Je ne t'oublie pas dans mes voyages, je pense à toi surtout et à ma petite Mad... Ne te tourmente pas, tout ira bien avec la protection de sœur Thérèse.

Jeudi, 18 janvier 1917.

Chère petite maman,

Nous sommes partis ce matin, et après 22 kilomètres nous sommes arrivés dans un petit village où nous sommes bien reçus. Nous repartons demain matin à 18 kilomètres. Nous commençons à avoir un peu mal aux pieds, mais les maux deviennent des habitudes.

Je te dirai franchement, petite mère, qu'avec toutes ces fatigues et trimbalements, mes dévotions baissent beaucoup; je ne trouve plus le temps de prier, aussi je compte sur toi et ma petite Mad... pour suppléer pendant quelque temps (1).

RENÉ.

Dimanche, 21 janvier 1917.

Chère petite maman,

Ce matin nous avons été réveillés en surprise par un appel pour l'exercice, alors que la veille on nous avait annoncé le repos. Dans la nuit, *** avait téléphoné pour nous faire travailler. Heureusement N*** est très aimable et énergique, et a fait rentrer les compagnies à 9 heures, afin que l'on puisse aller à la messe.

Les lettres vont arriver dans une heure, peut-être

(1) Voilà, mon Père, le changement extérieur qui s'opère autour de moi; mais rien que pour affermir davantage ma foi et ma confiance en Dieu que je prie... » (2 février.)

mon courrier commencera-t-il à affluer, j'aurai ainsi le temps d'y répondre, car il ne faut guère compter sur la semaine dont l'emploi du temps est bien déterminé. Tu ne peux te figurer combien je suis content de mon nouveau service, jamais je ne me suis trouvé si heureux. Évidemment, c'est plus fatigant que de rester au coin d'un bon feu, mais le régime me fait beaucoup de bien. Je le disais ce matin à l'aumônier du bataillon, qui est charmant. Je l'ai vu en sortant de la messe, mais n'ai pu lui causer qu'une seconde. J'ai rendez-vous dans sa chambre tout à l'heure vers 3 heures, je t'en donnerai des détails demain. En tout cas il est avenant, aimable, causeur, très ouvert, je crois qu'avec lui je m'entendrai à merveille. Il y avait peu de monde à la messe à peine soixante chasseurs sur quinze cents et huit officiers (1). En temps de paix, le 2e chasseurs est en garnison à Lunéville; alors, pour acclamer notre ville, nous y allons défiler jeudi ou vendredi.

Le temps est beau, mais très cru; la nuit il gèle à à plusieurs degrés.

Ma petite maman chérie, l'âme toute en fête, je t'envoie mes baisers les plus doux.

René, *sergent.*

---

(1) « Dans le bataillon, l'esprit est bon, même assez bon; mais la jeunesse est folle et couvre d'un masque le bon cœur de chacun. » (Lettre du 2 février 1917, à son directeur.) Dans cette lettre, il raconte la « chaude impression qu'a produite le nouvel aumônier (Monsieur l'abbé Marie, du clergé de Paris) à en juger par les réflexions », et le charmant accueil qu'il a reçu de tous.

Ailleurs il dit : « Au point de vue religieux ce ne sont pas de méchants caractères, mais l'entraînement du bien manque, ils continuent ce que les autres ont commencé. »

Ce mardi, 23 janvier 1917.

Aujourd'hui, j'ai été habillé en petit chasseur à pied, en bleu foncé, avec une vareuse à col rabattu.

Ce froid nous donne des mines superbes. Tout à l'heure, en défilant pour aller à l'exercice dans les champs, le commandant du 2e bataillon m'a désigné en disant : « Ce petit sergent se tient très bien. » Tu penses si j'étais flatté. On prévoit le programme pour jusqu'à mercredi prochain, mais il se pourrait que l'on quittât avant.

Je n'ai pas beaucoup le temps de prier, mais le soir et le matin, je n'oublie pas, dans la rapidité du mouvement, d'élever mon cœur vers Dieu pour toi, tout particulièrement, ma petite maman chérie, pour qu'Il te bénisse, et que bientôt nous soyons réunis.

Il est ravi, il gambade en tenue de campagne à travers les vallonnements couverts de neige. Il raconte une visite de Mirman au commandant du 2e B. C. P. Il se plaint seulement des « totos ». Puis, comme tous les poilus, il s'insurge contre les cadeaux de l'arrière qui voudraient alourdir son sac, il simplifie le plus possible : le poids, c'est l'ennemi du soldat en déplacement.

Ce jeudi, 25 janvier 1917.

Ma petite Marthe,

Connaîtrais-tu un produit que les Anglais emploieraient contre les poux; si oui, envoie m'en de suite, car j'en suis couvert, avec des démangeaisons terribles. Nous en sommes tous possesseurs, et c'est le contact qui fait cela.

Nous sommes toujours au repos et faisons des exercices à travers la campagne, nous figurant face à l'ennemi.

Je vais très bien, jamais la vie ne m'a plu davantage à présent; il me tarde d'être dans un secteur très tourmenté et de faire quelques belles attaques à la baïonnette.

Je suis très confiant en moi-même par la protection divine.

24 janvier : « Il fait de plus en plus froid... En me débarbouillant, la glace se formait, ce matin à 6 heures et demie après mon éponge, de même après les poils de mon blaireau en me rasant. Les habitants disent que jamais il n'y eut hiver pareil. »

Ce dimanche, 28 janvier 1917.

Très chère petite mère,

Je ne t'ai pas écrit hier, nous avons eu notre grande marche à Lunéville. On nous a offert de beaux bouquets de mimosas et d'œillets; quelques chasseurs dans le nombre ont été invités très chiquement par des habitants. Tout s'est bien passé, la journée était splendide, mais les joues étaient glacées, il faisait au moins 8 à 10° de gelée (1).

Jamais je ne me suis si bien porté, je suis merveilleusement surpris de moi-même, et ne m'attendais pas à faire face aussi aisément à la somme de travail intensif, physique qu'on nous demande. Je dors bien, sauf quand une puce me suce de partout, mais avec la poudre que tu m'enverras pour saupoudrer mon linge, j'en serai préservé.

---

(1) Sa compagnie, la 5e, avait le fanion, brodé jadis par les jeunes filles de Lunéville et décoré de la croix de guerre. Un jour, il est tout fier de le porter.

Ce 28 janvier 1917.

(A son directeur de conscience).

J'ai reçu votre carte de Montmartre, je vous avoue franchement qu'elle m'a fait bien plaisir. J'ai tant de choses à vous dire que je ne sais par où commencer, car il me faut écrire brièvement. Je n'ai que quelques minutes chaque soir, après des journées plus que chargées. Marches de 25 kilomètres ou exercices de bataillon et de division, à travers les neiges des Vosges, et ceci, sans repos ni répit. Ce matin même, il me fut impossible d'aller à la messe. L'aumônier, qui me paraît très dévoué, est dans ce village, et je ne puis trouver la minute pour le voir, causer avec lui, lui dire qui je suis, ce que je suis, et surtout ce que j'attends de lui. Croirez-vous à cet état, dans lequel je suis actuellement? Malgré la fatigue, le froid, les pieds ensanglantés, je suis content, très heureux. A peine ai-je le temps, avant de me lever, ou de m'endormir le soir, après m'être étendu sur ma paille, de faire une oraison jaculatoire rapide, et comme prière, c'est tout. J'écris *prière* au singulier; mais dans la journée, quand je crois souffrir un peu, j'offre alors mes souffrances, et j'oublie le présent, pour devenir, comme autrefois, l'enfant de Dieu, malgré l'impossibilité dans laquelle je suis de communier et de pratiquer les sacrements. Mais plus que jamais, *je suis chrétien avec passion, avec énergie, avec tout mon cœur.*

RENÉ.

Ce jeudi, 1er février 1917.

Ma chère petite,

J'ai reçu tes deux lettres des 24 et 26, hier, sans avoir pu y répondre. Je revenais de manœuvre, bien fatigué (1). Je n'ai eu le courage que de manger et de me coucher.

Nous sommes toujours en période d'exercice intensif, je crois que dimanche prochain sera le dernier jour ou lundi.

Après, nous embarquerons, sans doute, pour un secteur important. Je suis très bien, sauf que je souffre un peu des pieds, mais par ces marches forcées, beaucoup sont comme moi (2). Ne te tourmente pas, je t'écrirai de temps en temps, ma chère petite, et t'envoie mes plus doux baisers.

Ton petit

René.

(Au camp de Saffay, Meurthe-et-Moselle),
ce dimanche, 4 février 1917.

Petite mère chérie,

Malgré le dimanche, nous avons eu une journée terrible. Le lever une demi-heure plus tôt que d'ordinaire, puis grande manœuvre, jusqu'à 5 heures du soir, en somme 33 à 35 kilomètres dans la journée,

---

(1) « Demain, nous avons une rude journée, manœuvre de division à 12 kilomètres d'ici, et là-bas nous faisons une attaque de 4 kilomètres de profondeur à travers champs labourés; puis après la critique des généraux nous rentrerons assez tard, pour 6 heures sans doute. » (30 janvier 1917.)

(2) On sut plus tard, par un camarade, que René avait les pieds en sang, mais il ne se plaignait jamais.

dont 8 à travers champs, simulant une attaque contre l'ennemi, donc avec accessoires du champ de bataille, téléphone, coureur pour les ordres, vagues d'assaut, etc... Je crois que demain on recommencera à l'endroit laissé aujourd'hui.

Surtout ne m'envoie pas d'huile ou autre, embarrassant à porter et que je serais obligé de jeter.

C'est dimanche, mais je ne me suis certes pas aperçu de ce jour, ce n'est que ce soir que j'y pense Le froid persiste jusqu'à 24°, c'est terrible; aujourd'hui nous avons acheté du vin, et dans nos bidons pendant la manœuvre, malgré le ballottement, il a gelé. Pourtant nous ne nous en ressentons que faiblement, car nous mangeons bien et buvons le plus possible pour fournir des calories.

Mes baisers les plus doux, petite mère chérie.

(Veney), ce 11 février 1917.

Ma petite Marthe,

Vendredi, 27 kilomètres et samedi 35. Aujourd'hui, repos. Nous sommes arrivés à l'endroit désigné.

Demain, nous ne penserons plus à la meurtrissure que font le chargement du sac et du fusil et la courbature des jambes.

Nous sommes dans un village genre Saint-Jean ou Meteren, mais avec peu de ressources, parce que nous sommes trop de troupes.

Le froid est terrible. Se coucher sous les tuiles où s'engouffre le vent avec 20° de froid, est une des plus grosses peines, rien ne peut réchauffer; les chaussures sont complètement gelées le matin. Il faut les frotter avec de la paille pour pouvoir les remettre. Mais ceci est comme pour le reste.

Souffrir, c'est vivre, et vivre c'est se préparer l'éternité. Il y a dans ces trois mots quelque chose de si religieux que la réflexion en fait vouloir davantage. c'est pourquoi je ne me plaindrai jamais.

Petite Marthe, je me hâte de t'envoyer la photo de ton petit « diable bleu », sur laquelle il aura déposé un baiser bien affectueux pour sa grande marraine.

RENÉ.

Ce vendredi, 16 février 1917.

Petite mère chérie,

Je vis, je ne sais trop comment, toujours faisant les choses à la hâte, n'ayant plus le temps de lire ni même d'écrire : au « travail », le temps est éternellement long toute la journée sans rien faire en plein air, il ne fait pas assez chaud pour s'asseoir et écrire sur ses genoux ! Les conversations avec les camarades sont banales; en dehors de la grossièreté pornographique, c'est le vide complet, même chez ceux qui se flattent d'éducation ! ! ! Je suis mis un peu à l'écart à cause de mes idées, mais qu'importe? Je suis fier d'une humiliation qui est une gloire. Bonsoir, petite mère et tante, votre petit vous embrasse de tout son cœur.

RENÉ.

On verra par la lettre suivante, combien peu l'auteur avait souci du respect humain. Elle est adressée à un ami de naguère, charmant camarade de la 88e division, mais qui n'avait pas encore le bonheur d'être chrétien.

Ce 19 février 1917.

Mon cher Léonce,

Je me fais un plaisir de te faire hommage fraternel de ma photographie. Puisse-t-elle t'être agréable, comme me le fut la tienne...

Rien de bien nouveau. Hier j'ai pu aller à la messe que je n'avais pas entendue depuis trois semaines. Une bonne communion m'a fait un bien immense, pour me fortifier au milieu de la tempête d'indifférence et même de railleries dont je suis de toutes parts environné. Je ne me laisse pas abattre, quoique ne trouvant personne épousant ouvertement mes idées, à la compagnie. C'est toujours la conversation impudique qui fait le nœud de la journée, et en dehors de ces hilarités incongrues, il n'y a rien pour le moral. C'est triste, mais hélas ! c'est tel. — Qu'importe les autres, s'ils ne veulent pas. Faisons ce que nous devons faire, et après nous serons heureux. Peut-être même alors, des esprits pervers se trouveront touchés malgré tout, grâce à la persévérance des cœurs chrétiens. Bon courage, mon cher Léonce, partage avec Georges l'affectueuse intimité qui unit nos sentiments fraternels et chrétiens toujours.

René.

Ce lundi, 19 février 1917.

Je suis libre aujourd'hui, car comme sergent, on se repose un jour tous les cinq. J'en ai profité pour aller à la messe et communier afin de me fortifier pour rester toujours ferme et indissoluble (*sic*) au milieu de la tempête d'indifférence dans laquelle je suis plongé ! Qu'importe si je n'ai pas la consolation de trouver des camarades ayant les mêmes idées que moi; je ne me laisse pas ébranler pour cela. — Il est 3 heures, je reviens de chez l'aumônier qui loge à 2 kilomètres d'ici. C'est un homme actif, de très bon jugement, qui place une parole agréable dans tous les milieux où il passe. Il m'a donné des vieilles revues de *Je sais tout* pour m'occuper pendant mes heures de loisir, c'est-à-dire au « travail », puisque je n'ai qu'à exercer ma surveillance.

Prions toujours pour *** avec foi, ferveur et persévérance et bientôt, peut-être, le verrons-nous revenir à de meilleurs sentiments; il ne faut pas, en effet, le rendre responsable de sa conduite et de sa mentalité.

Ce vendredi, 23 février 1917.

Ma petite Marthe,

Hier, on nous a présentés à notre nouveau capitaine. Ancien fusilier marin, engagé volontaire dans les troupes noires, il a fait tous les champs de bataille, est cité deux fois à la Légion d'honneur et trois fois à la Croix de guerre.

C'est un ami intime du Ministre. Çà, c'est un type qui n'a pas froid aux yeux, et avec qui, j'espère, bientôt nous ferons de l'ouvrage.

En attendant un coup dur, la vie est normale, nous continuons nos travaux, mais sans doute plus pour longtemps.

RENÉ (Avril 1917).

Ce dimanche, 4 mars 1917.

Petite mère chérie,

Comme je le disais à Charlotte, nous sommes à la plus terrible des peines que l'on puisse imaginer, mais au sortir de là, combien on est plus viril, on apprécie davantage les moindres douceurs. Je dirai même que l'on prend tout le bonheur possible. En tout cas on se délasse beaucoup dans nos petites réunions au mess deux fois par jour, surtout le soir. La tradition veut que les fêtes, anniversaires, décorations, retours de permission, soient fêtés et suivant les bourses. Dans ces circonstances, on choque au vin bouché ou au champagne dans des hourras joyeux et des chants.

Tu vois, petite mère, que nous sommes loin de « nous en faire ».

Ce matin, je me suis levé à 6 heures pour aller communier à la petite église non loin d'ici. J'ai bien ouvert mon cœur pour que le bon Dieu y voie tout l'amour que j'ai pour ma petite mère, ma petite reine et les miens. J'espère qu'il m'exaucera, comme je l'ai prié. J'étais seul avec un vieux commandant.

Ce dimanche 11 mars 1917.

Oui, petite maman, à mon prochain congé, je viendrai faire les honneurs de la belle villa que tu auras pris soin d'arranger (vers la fin d'avril). Si tu en as une photo, je serai content de la voir. En *post-scriptum*, j'ai annoncé à petite reine la location, en lui dépeignant ce que tu m'as dit pour le site. Je lui

6

ai dit que ce sera un bonheur pour moi que de lui en faire les honneurs, plus tard, quand elle sera devenue ma femme. Ce mot sonne à mon cœur d'une mélodie bizarre. Mad..., un jour, sera ma « femme ». Et bien franchement, je la vois toujours fiancée, c'est si gentil, si doux comme consonnance, cette appellation de fiancée, on dirait qu'avec un respect religieux on s'appellera ainsi toujours.

Et pourtant, j'aspire tant à cette union qui me paraît réaliser le plus cher de mes désirs; la vie est difficile, il est bon d'être bien dans son rôle pour conserver un vrai bonheur, tel qu'on le conçoit, naïvement, maintenant. Toujours plein de délicatesse, dans le mariage il faut s'oublier beaucoup, ne jamais se critiquer, et les jours s'écouleront lentement dans une affection parfaite et réciproque. N'est-ce pas, petite mère, que ce sera tout à fait gentil, quand je pourrai t'amener ma chère petite reine; elle t'aime beaucoup et sera vraiment une petite fille de plus pour toi.

(Baccarat), vendredi soir, 16 mars 1917.

Chère petite mère,

Nous sommes tous enthousiasmés de notre capitaine qui est d'une énergie remarquable et très intelligent. Le soir, de 8 à 9 heures, il nous fait des théories aux officiers et aux sous-officiers, et, dans la journée, il s'occupe de toute la compagnie. Il ne doit pas perdre le nord dans une attaque; d'ailleurs, au feu, il commandera un groupement, c'est-à-dire trois compagnies. Il est très réfléchi, ne répond jamais avant d'avoir très bien compris une chose, puis s'exprime ensuite avec une telle sûreté de parole, qu'il n'est pas nécessaire de revenir sur le sujet; d'ailleurs, dans le commandement, il ne le tolérerait pas, même chez un officier.

Quelque chose de grand se prépare. Les voilà tout chargés du matériel de tranchées, cartouches, petites pelles, bêches que l'on s'attache à la ceinture, cisailles, etc.

Ils passent une revue devant le général Nivelle. D'excellentes nouvelles leur arrivent de l'avance française. « Tu ne peux deviner combien le moral français est relevé. Hier les hommes marchaient par force, aujourd'hui c'est le transport et l'enthousiasme, doublé d'une espérance sérieuse. Où ira le 2e Chasseurs? A Saint-Quentin, dit-on... Nous attendons d'être placés dans ces parages et de nous auréoler de gloire. Je vais toujours on ne peut mieux, j'ai une mine superbe, tu verras cela dans un bon mois quand je viendrai en permission. » (20 et 21 mars.)

(Bainville-aux-Miroirs), ce lundi, 19 mars 1917.

Très chère petite mère,

A l'heure qu'il est, je sais, par le poste de commandement, la magnifique avance que tu liras dans les journaux. Je ne t'en dis pas plus long, tu devines où nous irons bientôt, Je puis te dire que nous avons du baume au cœur; je crois fermement à une fin prochaine, nous en avons besoin, il serait temps (1).

Tu vois, petite mère, que je me suis mis en frais en achetant du beau papier à lettres, mais, que veux-tu, il n'y a rien de trop beau pour toi et ma petite reine, et je suis content d'envoyer des belles lettres.

(1) « Je suis persuadé que la guerre touche à sa fin; l'été verra dans ses derniers jours la fin du carnage, et on verra alors refleurir de beaux jours. » (Vendredi, 2 mars 1917.)

Fin mars, on débarque dans la région de Dormans. Il tombe chez une brave femme qui dédouble son lit pour lui offrir un bon matelas qu'il partage avec un camarade. « Tu vois qu'à l'arrière on trouve de bien braves gens. Ne crois pas, petite mère, que nous soyons tristes; c'est tout le contraire, et c'est avec le sourire que le petit embrasse sa maman chérie. »

(Bouresche, Aisne), mercredi, 28 mars 1917.

Petite maman,

Nous sommes arrivés à une heure, après plusieurs jours de marche dans un petit village d'où on sera emmenés dans trois ou quatre jours, pour un endroit très près des lignes. Le contact sera d'une violence inouïe; tu liras bientôt dans les journaux si nous réussissons. Je ne puis te dire ni où, ni les effectifs qui rentreront en ligne, mais je te prie de croire que nous ne serons pas tout seuls. Je te dirai après la guerre ce qui se passe. Je crois, cette fois, que les projets sont étudiés et surtout préparés, par l'expérience de la Champagne en 1915. Ne te tourmente pas surtout (1), nous ne nous faisons pas de bile, je t'assure; pour nous, guerriers, c'est la bonne vie qui commence.

Je crois que le contact ne durera pas longtemps, c'est-à-dire une quinzaine dont deux ou trois jours pour nous.

---

(1) « J'ai reçu une réponse de R... qui me recommande la prudence; je prends bonne note de son expérience, car je comprends trop bien l'inutilité d'une imprudence; mais ceci n'exclut pas de faire tout ce que l'on croit devoir faire pour la défense nationale. » (Lundi soir, 19 mars 1917.)

Ce jeudi, 29 mars 1917.

Très chère petite mère,

Cette après-midi il y a eu remise de décorations à dix-sept chasseurs de la compagnie, et demain, nous serons présentés au généralissime qui a demandé tout spécialement à voir le 2e bataillon. Le commandant ne se tient plus de joie, et fera jouer les plus beaux morceaux de la musique.

Ce soir, il y a grand nettoyage, comme tu peux le prévoir, il faut que tout soit irréprochable.

Samedi, 31 mars 1917.

Petite maman chérie,

Je me porte toujours comme un charme; tu verras un peu plus tard que le régime des chasseurs m'aura fait du bien.

Je ne regrette que le manque de temps pour me recueillir, mais tout a une époque, et mes actes se convertissent en élévation vers le ciel.

Dimanche, 1er avril 1917.

Bien chère petite maman,

Je te dis, de suite, que demain je ne pourrai t'écrire, nous quittons pour nous rapprocher d'une vingtaine de kilomètres afin de nous masser davantage, et faire ainsi de la place aux renforts qui viendront bientôt nous aider, quand le bataillon se sera fatigué.

Ces renforts, nous-mêmes nous en sommes, sont fantastiques; avec une telle masse et une semblable préparation, l'offensive semble ne pas pouvoir échouer. Le moral se remonte beaucoup, à l'espoir d'en finir; aussi je puis affirmer que nous montons de bon cœur. Nous ne savons quand commencera le mouvement; je crois qu'il ne tardera plus, et qu'on attend surtout un temps moins pluvieux; c'est une affaire de quelques jours seulement. Voici Pâques, et généralement le beau temps. Ce matin, je suis allé faire mes pâques; il y avait un mois que je n'avais pu communier, et j'en ai été bien content, car j'étais tout désorienté; au milieu d'une tempête d'indifférence, j'avais besoin de me fortifier. J'ai bien invoqué ma petite sœur Thérèse et la supplie toujours de ne pas m'abandonner. Je compte énergiquement sur son secours à tous moments et surtout dans le danger futur. C'est grâce à cette unique confiance que je m'affranchis et ne tremblerai jamais au milieu des plus insurmontables difficultés physiques et morales. Son image est sur mon cœur, comme au dedans, et mes lèvres l'appellent comme ma protectrice divine.

(Oulchy-Breny, Aisne), mardi, 3 avril 1917.

Chère petite maman,

Une fois de plus, je te redis de ne pas te tourmenter, je ne suis pas encore dans l'action... Je suis à 14 kilomètres des lignes... Tu liras dans les journaux pendant la semaine de Pâques une avance prodigieuse, si l'effort fantastique réussit, ce dont je ne doute pas, par la masse qui est mise en scène. Je ne puis en dire davantage...

A propos, tu me demandes la date de ma prochaine permission. Eh bien ! si la guerre se fait comme nous l'espérons, en poursuite, peut-être le régime des permissions changera.

Je te remercie, petite mère, de la délicate attention de la petite fleur qui est venue m'apporter tes bons baisers; moi, je n'ai pas de fleurs, mais je t'envoie tout de même de bons baisers qui seront bien doux à ma petite mère chérie.

(Launoy, Aisne), jeudi, 5 avril 1917.

Très chère petite maman,

Je ne me souviens plus si, hier, je t'ai averti de ne surtout pas te tourmenter si, dans peu de jours, tu restes une huitaine sans courrier. D'abord, ils ne marcheront plus, et ensuite je n'emporterai même pas de papier avec moi. Pas de linge également : des conserves et rien que des conserves, puis des outils et des cartouches et des grenades, des fusées et que sais-je? Ce matin, le général de division nous a réunis, officiers et sous-officiers du bataillon, et nous a instruits de la situation qui sera la nôtre, le but, la tactique suivant les événements, etc. Je ne t'en parle pas, puisque cela m'est défendu, mais tout marchera, je crois, très bien. Nous ne dormirons sûrement pas pendant plusieurs jours, mais qu'importe ! Nous n'attendrons pas davantage le beau temps ou la pluie : qu'importe ! la partie sera égale pour les Boches et pour nous. Matin et soir, les gradés, à tous les échelons, ont des instructions spéciales suivant le but de chaque division, régiment ou armée. On se passionne, on étudie d'avance les obstacles contre lesquels il faudra lutter ou qu'il faudra éviter. Plus tard, au retour, je t'en ferai une longue narration.

Le moral, parmi les hommes, se remonte beaucoup. Chacun prend confiance en voyant par les préparatifs, une fin peut-être, à la guerre présente. En nous quittant, le général, qui bientôt nous donnera le signe de déclanchement, a terminé sa causerie tactique par ces mots : « Comptez sur moi, comme je compte sur vous. Au revoir, et bonne chance, mes amis, et que Dieu vous garde ! » Lui et notre commandant étaient si émotionnés que ce dernier ne put que répondre : « Mon général, merci, nous sommes là, comptez-y. » Ce sont de ces moments critiques qui restent gravés, que ces entrevues, où un général, quittant le décorum dû à son rang, vient causer familièrement avec sa troupe.

Le commandant après le départ du général nous donna de nouvelles instructions, et ce soir, c'est le tour du capitaine. Il faut que chacun soit pénétré de sa tâche et de son rôle. Les gradés le sont, en général, mais pour les hommes de troupe beaucoup ont besoin de stimulant.

Ce Vendredi-Saint, 6 avril 1917.

Il se pourrait, petite mère chérie, que cette lettre fût la dernière pour plusieurs jours... Il vaut, d'ailleurs, beaucoup mieux en finir le plus vite possible et délivrer enfin nos contrées envahies et nous en revenir auprès de ceux que l'on aime.

Nous continuons toujours à travailler le terrain que nous devrons arracher à l'ennemi; les uns, par la parole, excitent l'enthousiasme, les autres font de savantes maquettes avec de l'argile, et facilitent ainsi l'étude approfondie du terrain que nous devons faire nôtre. Il le sera, à n'en pas douter, par la préparation qui est faite et par les forces qui se déploieront. Pour laisser les routes à l'artillerie, nous n'aurons pas de ravitaillement, et pendant plusieurs jours nous mangerons les conserves qu'on aura emportées dans son sac. Avec le poids des munitions, il ne nous sera pas permis de prendre quoi que ce soit, et pour tous, notre linge et nos menus objets personnels seront déposés dans un village à proximité des lignes.

Ta lettre d'aujourd'hui me parle de la bénédiction des drapeaux alliés (1). Ne recevant que très rarement le journal, je l'ignorais complètement. Puisse-t-on espérer une délivrance par la puissance divine.

Par l'éternisation de cette grande épreuve, je ne vois, en général, qu'une plus grande liberté de mœurs, et loin de se soumettre, la généralité s'adonne aux vices, alors que peut-être ils ne l'eussent pas fait, si l'état de fatigues et de privations n'avaient contribué à abattre les forces morales et à les faire succomber dans les tentations.

(1) Il s'agit de la cérémonie qui avait eu lieu récemment au sanctuaire des apparitions de Paray-le-Monial. Des personnages qualifiés venus de chacun des pays alliés avaient offert au Sacré-Cœur, pour qu'il les rendit victorieux, les drapeaux de leurs nations. Son Éminence le Cardinal Bourne, archevêque de Westminster avait célébré la France et la sainte cause des alliés.

Félix L... me le disait hier également : il constate, dans son milieu, comme moi dans le mien, une profonde indifférence religieuse, et parfois pire. Qu'importe ! En pareille matière, soi d'abord. Mais, une fois de plus, j'ai constaté que l'exemple agissait et se remarquait plus qu'on ne le croit. J'aurais voulu faire maigre aujourd'hui, mais n'ayant pas trouvé d'œufs, il m'a fallu faire comme les autres. Hier, j'avais averti que je ne mangerais pas gras, et à cette affirmation de moi-même, quatre voulurent en faire autant. Nos intentions tombèrent, puisque nous étions dans l'impossibilité de mieux faire.

Nous aurons une épreuve physique des plus pénibles, comme on n'en n'a jamais vu jusqu'à ce jour. Ce n'est pas le moment de jouer avec sa santé.

Le temps est beau, presque chaud. S'il pouvait durer huit ou quinze jours ainsi, çà nous arrangerait beaucoup pour nous-mêmes, et pour les opérations d'artillerie. Mais beau ou mauvais, nous marcherons, tout est prévu.

Il marque dans ses exemplaires de la petite revue des catholiques du front : « *Frères d'Armes*, à laquelle il s'est abonné de lui-même, les articles qui l'ont plus frappé et qu'il compte relire, par exemple : « Consigne : Prie ! » du P. Doncœur, ou la dernière lettre du maréchel-des-logis René Chicoteau, de Beaupreau : « Prêt ! » Il souligne ces paroles de Bossuet : « Qui n'est pas maître de ses passions n'a rien de fort, car il est faible dans le principe. Toujours la loi de Dieu devant les yeux; on n'est ferme que quand on la suit. »

Il souligne encore à la plume la parole de saint Pierre et des Apôtres, traînés devant le sanhédrin : « Plutôt obéir à Dieu qu'aux hommes ! » (*Actes des Apôtres*, ch. v. vers. 29); et ces mots du P. Olivaint dans les *Conseils aux jeunes gens* : « Êtes-vous violent? Quand même on vous craindrait, ce n'est point là du caractère. — Êtes-vous indécis, flottant? Quand même on vous aimerait, vous manquez de caractère. — Prétendez-vous ne relever que de vous? C'est de l'orgueil, ce n'est point du caractère.

« Vous avez du caractère, si vous accomplissez tout ce que vous avez promis à Dieu, si vous ne manquez de parole ni à Dieu, ni aux hommes; si vous êtes quelqu'un sur qui l'on puisse toujours compter. »

Ce samedi, 7 avril 1917.

Petite mère chérie,

Tu vois, j'ai encore le bonheur de pouvoir t'écrire, et demain, sans doute, aussi. Notre départ est brusquement retardé, car les plans vont totalement changer. Avant même que l'on ait montré notre présence, les Boches font, en face de nous, la manœuvre qu'ils exécutent partout, c'est-à-dire qu'ils fichent le camp. Je ne te dirai pas ce qu'il va se passer maintenant, mais l'État-major aura certainement prévu ce cas, et nous suivrons les ordres. Pourtant, ce n'est pas trahir un secret que de dévoiler notre désappointement. Nous étions, je pourrais dire, chauffés à 90° et nous nous refroidissons. Mais que bientôt on nous dise : « le moment est venu », et nous voilà encore debout, prêts à affronter la dure mais glorieuse mission.

Demain, il me sera facile d'aller communier... Il y a des peines journalières qui n'en sont pas moins pesantes au cœur quoique les offrant à Dieu.

Félix et Georges ne m'oublient pas... Le Père A*** a pour moi une intention particulière chaque matin à sa messe.

Dimanche de Pâques, 8 avril 1917.

Chère petite mère,

Je vais très, très bien. J'ai encore pu faire une bien bonne communion ce matin, et j'ai le cœur tout à fait en fête.

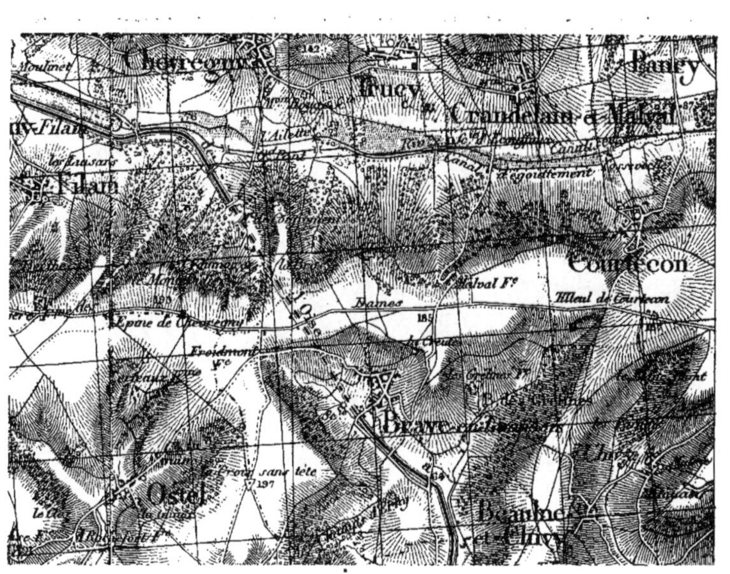

Trucy
Courtecon
Malval Fe
Froidmont
Ostel
197
183

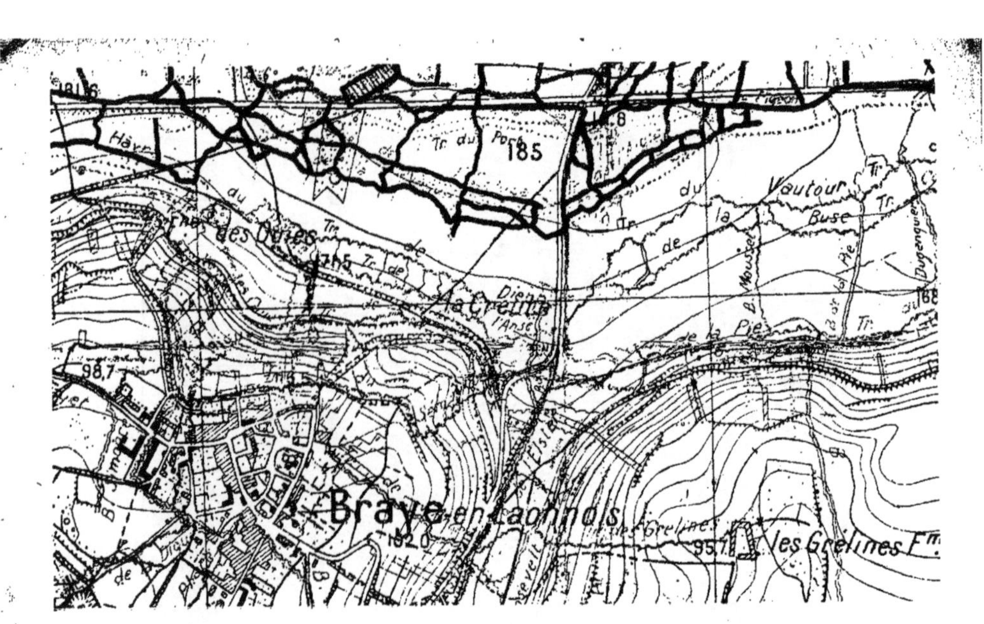

185
Tr du Porc
Vautour
Buse
98,7
Braye-en-Laonnois
192,0
95,7
les Grelines Fme

Ce lundi, 9 avril 1917.

Quand entrerons-nous en action? Mystère... Les bruits les plus divers circulent et se détruisent les uns les autres.

Nous sommes dans une zone très difficile, pour le ravitaillement. Même avec de l'or on ne peut trouver du vin, et même de l'épicerie parfois. Nous ne pouvons nous en faire envoyer, puisque d'ici peu nous ne recevrons même plus les lettres. Il faudra se contenter de ce qu'on nous donnera. Heureusement j'ai fait provision d'un bout de saucisson, d'une livre de chocolat, et d'une boîte de confiture, envoyée par Marthe. C'est plus que je n'en pourrai porter avec mes conserves de singe.

Mille baisers, maman chérie, de ton petit qui t'aime tendrement.

Le 10 avril, il cantonnait à Maast-et-Violaine (Aisne). Le 14 (à Vauxtin), il laisse entendre que c'est dans un jour ou deux qu'il « débute dans son nouveau rôle. Le temps est splendide, ajoute-t-il...

Ici nous ne trouvons rien et buvons la bonne eau fraîche des fontaines. Moral excellent. N'attends plus guère de lettres. »

***

L'Aisne et l'Ailette coulent parallèlement de l'est à l'ouest. Entre les deux rivières se dresse une longue échine de six lieues environ. Un modeste chemin vicinal, à peu près rectiligne, en suivait la crête, de Craonne à la Malmaison. C'est le tragique Chemin des Dames, si âprement disputé du 16 avril au 23 octobre 1917. Un certain nombre de ravins dirigés du

sud au nord montent de l'Aisne vers le Chemin des Dames. L'un d'eux vient buter en cul-de-sac au pied de la chaîne, à cet endroit très escarpée. C'est le ravin de Braye-en-Laonnois. Le petit nid devait être ravissant en temps de paix. La guerre en fit l'un des paysages les plus horribles du front. Les tristes ruines de Braye occupent le fond de l'entonnoir, surplombées, sur la gauche par ce qui fut la célèbre ferme Froimond; sur la droite, un boyau crayeux domine en corniche le ravin et dessert toute cette portion du front. C'est le boyau de l'Elster, bordé de petites creutes-abris. C'est probablement dans l'une de ces creutes que René passera sa dernière nuit.

Le 16 avril, à Verneuil, le bataillon subit de grosses pertes, en attendant l'engagement. Le 17, il était à Moussy, puis passait plusieurs jours dans le bois Brouzé, très fortement gazé et marmité. Puis le 23, les chasseurs grimpent dans les grottes de l'éperon de Braye, période infernale qui durera jusqu'au 28.

(Bois-Brouzé, près Braye-en-Laonnois), jeudi, 19 avril.

Bien chère petite maman,

Depuis bien longtemps, je n'ai pu t'écrire. Tu sais, par les journaux français, ce qui se fait sur notre front. Où je suis, nous ne sommes pas encore arrivés aux positions projetées, car nous avons eu beaucoup de résistance... Notre armée a fait le joli nombre de dix mille prisonniers dans une seule journée.

Je suis actuellement dans les positions boches conquises, où l'on trouve un grand nombre d'armes et de munitions abandonnées précipitamment. Le terrain est retourné, hâché, par le bombardement. Des abris de 25 mètres de profondeur sont magnifiquement construits dans les tranchées. Les Boches sont nombreux sur le terrain, tués par la violence de nos feux... Pour moi, je n'ai pas encore eu d'engagement direct, mais c'est imminent.

Je vais très bien, quoique couchant parfois dehors

sous la pluie et le vent. Nous avons parfois des lettres qui nous arrivent par le ravitaillement que des hommes de corvée vont chercher la nuit très loin à l'arrière. Le moral est excellent.

J'ai pu communier dimanche soir avant de monter.

Samedi, 21 avril 1917.

(Au crayon.) Merci de tout cœur des bons vœux d'anniversaire pour ton petit René. (Il venait d'avoir vingt-six ans.) Je vais très bien. Sœur Thérèse veille sur moi et me protège. Tout va bien, mais on n'avance que pas à pas, au prix de beaucoup de sacrifices. Les Boches sont acharnés. Nous sommes pourtant bien engagés sur tout le front.

Dimanche, 22 avril 1917.

Cette nuit nous montons en première ligne pour attaquer sans doute. Sois bien tranquille, car cela n'est pas une raison de beaucoup plus grand danger. Aux emplacements de réserve que nous occupons depuis huit jours, il y a eu beaucoup de pertes par le bombardement, tandis qu'en ligne, l'attaque produit une impression de fièvre particulière par le corps à corps, la mitrailleuse et la grenade (1). Il faut y passer pour gagner le repos à l'arrière. Les positions restent stationnaires dans mon secteur, malgré les attaques cinq et six fois répétées de part ou d'autre tous les jours. Les Allemands perdent beaucoup d'hommes...

(1) Dix-huit mois plus tôt, il écrivait : « Écrire tout, c'est faire vivre de sa vie : voilà pourquoi je ne te cacherai rien. » (23 nov. 1915.)

Bientôt je ressortirai de cette lutte, combien plus viril et plus énergique. J'invoque sœur Thérèse de mon côté, soit pour ma protection, soit pour mon secours en cas de blessure. Je compte trop sur Elle pour qu'Elle m'abandonne à ce moment.

Je vais mettre un mot à petite reine.

Même date.

Ma chère petite mignonne,

Les Boches sont tenaces, ils ne reculent plus, mais perdent beaucoup d'hommes. De notre côté, des pertes aussi, mais un grand nombre de blessés.

Il y a jusqu'à cinq ou six assauts par jour : c'est terrible. Les Boches ont laissé hier mille hommes de pertes en vingt-quatre heures devant nous.

Tous les combats se font maintenant à la mitrailleuse et à la grenade. On ne se sert pour ainsi dire plus de son fusil. J'y vais avec joie et pleine confiance, malgré toute l'horreur d'un pareil carnage.

En petit frère, je t'embrasse bien affectueusement.

René.

Le ravitaillement est des plus maigres. Quelques biscuits de soldats et un peu de singe, voilà avec quoi il faut lutter pendant plusieurs jours.

Les voilà dans des sapes de vingt mètres sous terre construites par les Boches. Ils trouvent un peu de café laissé par les troupes de l'attaque précédente. Les pauvres enfants privés pour plusieurs jours de tout aliment chaud, se rappellent qu'ils sont chasseurs, c'est-à-dire débrouillards, essentiellement. Ils réussissent à dissimuler la fumée et confectionnent du chocolat cuit (23 avril).

Et le 26 : « Encore cinq ou six jours et je pourrai t'écrire plus longuement. »

Ce 28 avril 1917.

Ma chère petite Marthe,

Cette nuit à minuit nous avons été relevés pour quatre ou cinq jours, et nous sommes dans des baraques en planches à 12 kilomètres à l'arrière. Enfin, nous nous sommes jetés sur un repas chaud que nous n'avions pas fait depuis quinze jours. Je ne puis guère te parler des événements graves qui se sont déroulés, car l'offensive française, sauf une légère avance, a été une gaffe formidable.

Le bruit court que le général Nivelle sera changé et mis en disgrâce. En tout cas, nous aurions dû avoir un tout autre résultat que celui-ci. L'artillerie a été d'une infériorité incontestable.

Le 2e bataillon, sans avoir attaqué, a subi trois cents hommes de perte; où serions-nous alors si nous avions fait le corps à corps. Que va-t-il advenir maintenant de nous?

Pendant ces quelques jours de repos, nous nous referons la santé, puis nous serons de nouveau à la disposition du commandement.

Tes petits envois m'ont été bien utiles, je t'assure. Si ce n'est trop abuser, pourrais-tu m'envoyer aussi un peu de chocolat.

Tu comprends, que même avec de l'argent en poche, il n'y a pas moyen de trouver quoi que ce soit à acheter à 30 kilomètres à la ronde. Nous sommes tous un peu épuisés, mais bientôt, ces fatigues disparaîtront.

Ma chère petite, je t'embrasse de tout mon cœur bien affectueusement; je t'écrirai demain ou après.

Ton petit

René.

Ce samedi, 28 avril 1917.

Il a dû y avoir un genre de trahison, laissant à l'ennemi le temps d'amener cinq cent mille hommes du front russe contre nous, ainsi que toute l'artillerie.

Les trois premiers jours, — il y aura quinze jours lundi à 6 heures du matin, — l'attaque se déclanchait. Les Boches n'avaient pour ainsi dire pas de pièces. Il me semble que si nos obus avaient fait plus de ravage, nous aurions pu atteindre nos objectifs. Au lieu de cela, sans doute le terrain était labouré, mais des fortins subsistaient encore, et nous avons été accueillis par des averses de balles, barrage infranchissable...

Nous redescendons, au bataillon, avec trois cents hommes de perte, et cela, en somme, sans avoir attaqué !... Pour l'instant nous sommes à l'abri, et pourrons enfin manger chaud. Nous avions un repas par vingt-quatre heures, et quel repas ! ! ! Nous étions très fatigués hier soir par les privations de nourriture, et la lutte physique, le travail de nuit, la vermine, l'impression des bombardements, etc... Nous sommes ici pour nous remettre un peu; mais retournerons-nous au secteur? Recommencerons-nous l'attaque?... Il vaudrait mieux pas, car c'est trop tard maintenant, avec les renforts boches et le terrain accidenté dans lequel nous avons à combattre sur 12 kilomètres avant d'arriver en plaine. Un jour ou deux de régime calme, et nous serons bien remis pour recommencer ce qu'on demandera de nous.

Allons, chère petite mère, tu vois que ce petit régime grandit le caractère pour plus tard, c'est ce que j'avais prévu : rien ne me surprend. J'en suis heureux; et sous cette impression je t'embrasse de tout mon cœur bien affectueusement.

RENÉ.

Ce dimanche, 29 avril 1917.

Ma petite Marthe,

Le temps, aujourd'hui, est splendide, un vrai soleil d'été, et c'est par ces belles journées surtout que l'on songe plus spécialement aux siens, et combien, comme jadis, on était heureux de s'en aller en famille faire une bonne promenade à la campagne. Quand donc reverrons-nous ces jours si doux? J'avais confiance en cette dernière offensive, mais maintenant je suis comme bien des camarades, je ne crois plus à une fin par les armes.

Alors il faut attendre un événement politique, ou plus encore religieux. Mais pour ce dernier, se produira-t-il? Je tremble de voir l'indifférence que proclame le monde, même au milieu du danger de mort.

La plupart montent à l'attaque en ne se rappelant que les plaisirs passés et pour en désirer de plus obscènes que jamais au retour. Et la mort vient, ici par un obus, là par une balle, mais d'une façon comme de l'autre, c'est toujours la mort et l'éternité. Pourtant, beaucoup ne sont pas blâmables, car ainsi ils ont été élevés. Le milieu dans lequel ils sont plongés n'est souvent qu'ignorance, quand ce n'est pas hostilité, alors comment ces pauvres gens seraient-ils autres? Il faut les plaindre et prier pour eux sans les brusquer, c'est la meilleure façon de se montrer réellement catholique, et surtout prêcher par l'exemple.

Dans la petite église recueillie de Duizel (Aisne), l'aumônier prépare ses chers enfants à la mort, jusqu'au 2 mai où ils partiront relever le 26e d'Infanterie.

Ce lundi, 30 avril 1917.

Ce matin, il y a eu une messe pour les morts du bataillon dans le récent combat. L'aumônier, plein de tact, dans son sermon éloquent a eu un mot juste pour tous ceux qui sont tombés en faisant bravement leur devoir. Toute l'assistance était émue au rappel des derniers moments des bons camarades tués à nos côtés.

Le *Petit Parisien* du 30 nous parvient; et j'y lis un article de fonds, admirable, demandant une recherche sérieuse des responsabilités de l'échec dont nous venons d'être les victimes. Chaque soldat qui a donné à cet assaut et qui n'a pas craint de risquer sa vie pour atteindre l'objectif, a le droit de poser la même question : qui est le fautif? Qu'il y ait sanction contre lui, quels que soient son passé et les services rendus !

Ce mardi, 1er mai 1917.

On vient de recompléter les cartouches... Il y a des moments très calmes où on ne se croirait pas au front. Puis soudain, l'air se trouble et tout tremble, principalement le soir, la nuit et le matin.

Nous ferons sans doute une attaque pour prendre une position dominante que le communiqué signale sous le nom de *Chemin des Dames*. Nous aurons à peine 150 mètres à faire, dont trois lignes de tranchées boches, puis nous laisserons sans doute le secteur à d'autres troupes dites troupes fixes de secteur... Dans quelques jours donc, nous espérons être tranquilles pour longtemps.

J'ai envoyé aujourd'hui à Mad... des biscuits boches (biscuits de guerre) ainsi qu'une pique de casque, ce qui est excessivement rare maintenant. Ils ont, comme les Anglais et nous, un gros casque de tranchées plus carré que le nôtre et couvrant toute la nuque. Si je puis, j'en rapporterai un, la nuit de la relève.

Tu me donnes l'idée de promettre à sœur Thérèse de donner son nom à une de mes filles. Je n'avais pas songé à cela du tout. C'est, en effet, une pensée délicieuse, toute à l'honneur de ma céleste protectrice. Je promets, quant à moi, de donner ce nom à l'une de mes filles, et de le demander à Mad... Je crois qu'elle ne me refusera pas. D'ailleurs, il faudra bien qu'elle dise *oui*, très gentiment et généreusement, par reconnaissance, et pour la propagation du nom de sœur Thérèse.

Ce mercredi, 2 mai 1917.

Tu vois, petite mère chérie, comme les événements sont incertains. Je croyais aller aux tranchées pour cette nuit dernière, or, un ordre est venu nous dire de rester, que le jour de l'attaque était retardé, soit de vingt-quatre heures, soit plus, on n'en sait rien. En attendant, nous vivons en nous reposant toujours. Nous sommes tous surpris de voir comme on prend des couleurs et des bajoues !

Le vin et l'épicerie manquent totalement; mais tu ne croirais pas qu'il y a des « diables bleus » assez enragés pour faire tous les jours 24 kilomètres, afin d'aller chercher du vin, et encore faut-il qu'ils soient arrivés à 5 heures du matin, et qu'ils attendent parfois jusqu'à trois ou quatre heures de l'après-midi, que quatre ou cinq cents poilus avant eux soient passés. C'est pire que le théâtre au 14 juillet à Paris !

Je reçois une bien gentille lettre de ma petite Mad..., qui ne s'est jamais faite aussi douce et affectueuse.

Hier a commencé le mois de Marie; je suis allé au salut le soir. Ce matin, j'ai servi la messe et j'ai pu communier. Jamais je ne me suis senti si heureux, car depuis longtemps je n'avais eu l'occasion d'aller ainsi au salut. L'aumônier qui a la parole facile et qui cause très souvent à l'église, me plaît beaucoup. « Les chasseurs ce sont, dit-il, des enfants avec lesquels il faut être très expansif et auprès desquels il faut prodiguer beaucoup d'affection. » Aux tranchées, il est admirable de dévouement pour les blessés et les morts. C'est lui qui s'est occupé de toutes les sépultures des morts du bataillon, et même des régiments qui nous ont précédés.

J'ai beaucoup prié pour toi et petite reine, et mon bon baiser de ce soir est tout parfumé de cette prière.

Ton petit

RENÉ.

Ce jeudi, 3 mai 1917.

Chère petite maman,

Le courrier ne nous arrivera que cette nuit; je ne puis donc savoir si j'aurai le bonheur d'avoir de tes lettres.

Nous avons fait la relève hier soir; nous sommes arrivés vers 1 heure du matin. C'était imposant de voir ce front où pendant trois années il n'y a eu que des trous d'obus, tout cela éclairé par un splendide clair de lune. Nous faisions cette réflexion avec le lieutenant : combien de gens de l'arrière voudraient pouvoir pendant dix minutes contempler ce spectacle ! Mais c'est justement parce que tout le monde n'y vient pas, que nous sommes fiers de notre mission et de notre poste !

Ici, la nuit, il n'y a pas grand repos. C'est pourquoi, sitôt arrivés, nous avons saisi pioches et pelles et fait des travaux de camouflage qui doivent servir à masquer la circulation en ligne. Les boyaux principalement, ne sont pas assez creusés, par endroits surtout, car nous avons ici un terrain crayeux, où l'on rencontre de gros rochers plus durs, contre lesquels on ne peut piocher. Il n'est pas rare de heurter tous les quelques mètres une de ces pierres qui a parfois 60 centimètres et qui gêne beaucoup la circulation, surtout quand on est chargé.

Enfin cette situation ne durera pas pour le bataillon. Dans quatre jours, au maximum, ce *sera la relève complète* pour l'arrière, ce qui ne sera pas désagréable *après avoir bien fait son devoir.*

Le soleil est toujours de plus en plus chaud, même accablant. Sur la carrière où je suis, le bombardement a épargné un tout petit arbrisseau, je constate qu'il se couvre encore de feuilles à vue d'œil.

Bientôt les permissions reprendront pour nous. Je crois avoir mon tour dans les huit ou dix premiers jours. J'*attends ce beau moment avec impatience.* Au revoir, ma petite mère chérie, de tout mon cœur, bien affectueusement je t'embrasse mille fois, ainsi que tante.

Ton petit

RENÉ.

Le 4 mai au soir, les chasseurs prenaient position sur l'éperon de Braye déjà trop connu d'eux, avec mission d'attaquer le lendemain la ferme Malval.

Dans ce petit livre qu'il avait tant aimé et tant pratiqué depuis un an, presque jour pour jour, René fit une dernière lecture. Une dernière fois l'admirable inconnu, auteur de l'*Imitation*, versa dans l'âme du jeune martyr sa doctrine toute céleste; puis René marqua, selon son habitude, le chapitre qu'il venait de lire. Voici de quelles pensées il nourrit son âme dans la dernière soirée qu'il passa sur la terre.

« A mesure que l'âme fidèle se dégage de la terre et d'elle-même, toutes ses pensées, tous ses désirs s'élèvent et viennent se confondre en Celui qu'elle aime uniquement. Alors elle gémit des liens qui l'appesantissent et la retiennent encore ici-bas. Pressée d'un amour qui croît sans cesse, elle voudrait briser son enveloppe mortelle et s'élancer dans le sein de l'Être infini auquel elle aspire, et s'y plonger et s'y perdre éternellement. Qui me donnera des ailes comme à la colombe, et je volerai et je me reposerai ! Nul repos, en effet, pour elle jusqu'à ce qu'elle soit pleinement unie à l'objet de ses ardeurs, jusqu'à ce qu'elle puisse dire dans les transports, dans l'ivresse divine de sa joie, dans la jouissance, dans la possession à jamais immuable du céleste époux : Mon bien-aimé est à moi et je suis à Lui. Oh ! quand luira cet heureux jour de la délivrance et de l'allégresse sans fin ! Quand cessera le temps de l'exil, le temps de l'espérance et des larmes? Quand verrons-nous décliner les ombres qui dérobent à nos regards le bien-aimé? Comme le cerf altéré désire l'eau des fontaines, ainsi mon âme vous désire, ô mon Dieu ! Mon âme a eu soif du Dieu fort, du Dieu vivant. Oh ! quand viendrais-je en présence de mon Dieu?

Le 29 avril, nous l'avons vu, le premier choc avait été arrêté. La nouvelle attaque, d'abord fixée au 4 mai fut remise au 5, 9 heures du matin. Le temps était splendide, et les alouettes chantaient dans ce paysage de mort. Quelques minutes avant l'heure décisive, René put s'entretenir encore avec l'aumônier. « Il était ferme, résolu, et confiant en son Dieu qu'il venait de recevoir. » L'attaque fut foudroyante. Les chasseurs s'emparèrent de la première *tranchée* allemande, dite *du Vautour*. La deuxième tranchée dite de l'*Aigle*, parallèle à la précédente était à une courte distance. On s'en empara. L'on n'était plus qu'à quelques mètres du *Chemin des Dames*, ou plus exactement de ce qui avait été le Chemin des Dames. Il s'agissait maintenant de conquérir, en redescendant l'autre versant de la crête, la ferme Malval, position importante qui dominait la vallée de l'Ailette. Le but général de l'offensive était de déloger l'ennemi des hauteurs et de le culbuter vers l'Ailette.

On vit partir René en tête de sa section, tout à fait sur la droite de sa compagnie. Il se trouva même bientôt mêlé à une autre compagnie. Le sergent Grandin, son collègue, l'appela. Il n'entendit pas. C'est le dernier souvenir précis qu'on a pu recueillir. Les uns disent qu'à ce moment, les chasseurs entraînés par leur ardeur, se jetèrent sous le feu français qui leur fit perdre beaucoup d'hommes; les autres, que dans une contre-attaque en règle, les Boches en tuèrent beaucoup à bout portant. Ce qu'il y a de certain, c'est qu'un repli des nôtres fit perdre un fort effectif de gradés et de chasseurs restés en ligne. Un tir de barrage mit ensuite un rideau entre les survivants et les corps de leurs camarades qui agonisaient. René était tombé en avant de la tranchée de Dieppe, près du boyau de l'Elster, à l'heure où était dite à son intention une messe demandée à Lisieux depuis plusieurs jours. La céleste protectrice qu'il invoquait souvent n'est-elle pas venue elle-même prendre son âme pour la porter au Ciel?...

Son corps retrouvé sur le terrain le 2 novembre 1917 seulement, fut alors identifié. Récemment il a été transporté au nouveau cimetière de Malval.

Deux printemps ont passé, depuis la fin de la guerre, sur

le triste plateau et ces pentes escarpées. C'est toujours la même solitude impressionnante, pendant des heures et des heures de chemin, sans un être vivant, au milieu de tous ces débris de mort. Mais le sol si âprement fouillé jadis par les obus et les torpilles a perdu son sinistre modelé et ses teintes livides. Les lèvres des entonnoirs se sont affaissées, les tranchées se comblent d'elles-mêmes. Les arbres restent frappés à mort, mais la moise et le séné pullulent sur le terrain découvert où tomba René***. L'alouette chante sur sa tombe, à la vue des villages calcinés qui s'égrènent en bas, dans la vallée de l'Ailette. Et c'est un autre genre de mélancolie, bien poignante.

Mais il s'agit bien de poésie ou de mélancolie ! Pourquoi chercher parmi les morts ceux qui vivent en Dieu? Ne regardons plus sur la terre d'exil et de larmes, trouvons René près de ce Dieu qu'il aima plus que tout et qu'il servit avec élan et droiture lorsqu'il le connut intimement.

A SES AMIS G*** ET F***

Ce 2 juin 1916.

Il y a des minutes si douces dans l'existence, mon très cher Georges, que le corps semble oublié pour laisser à l'esprit toute sa liberté d'action et d'évolution. Tel fut mon état d'âme en lisant ta bonne lettre douce, consolante, pondérée, pleine de conseils si sages, si délicatement exposés, que ce m'est un plaisir de les suivre. Le chemin que tu me traces, je l'entrevois jonché de roses et d'une épaisseur si abondante qu'elle amollit l'âpreté des peines qu'elles cachent.

Tu me traces une ligne de conduite que certes je connais, mais qu'avec joie, j'aime à relire pour me fortifier et me faire prendre courage au moment des assauts de la vague furieuse qui menace de sombrer ma fragile barquette.

Oh ! merci, mon grand ami, de ce soutien promis pour l'avenir. Oui, restons unis par l'âme, le cœur et la correspondance : les ennuis, nous les vaincrons puisque nous saurons guérir nos misères par un désir ardent de devenir meilleurs. J'attends avec impatience l'exposé de tes luttes pour le bien, car j'y puiserai un enseignement profond pour mes propres défauts. En ce moment, mon cher G... je suis tout rempli de bonnes intentions; je dois vous dire même que je vis heureux dans l'accomplissement parfait de mes devoirs de chrétien, grâce à la communion fréquente.

Mais où est le mérite? Pour l'instant je suis isolé de toute tentation, car le village que j'habite est de minime importance; il n'y a pour moi que peu d'attraits. En sera-t-il de même si, demain, nous le quittons pour être plongés dans la tourmente du vice et du désir? J'entrevois ces époques de la vie avec un certain frémissement, car j'ai une telle habitude du péché par le regard, que la vue seule me fera tomber inévitablement ! Alors, que deviendront mes communions actuelles et mon état d'âme présent? Je sais que du regard j'en viendrais au sourire, du sourire à la parole, et de là je serai bien près de faillir. Je connais mon penchant, ma nature frivole, et parceque je la connais je devine, ma chute. Si tu étais à ma place, que ferais-tu dans cette situation pénible et angoissante?

Oui, me diras-tu, il est un moyen très simple, c'est de fuir les occasions ! Hélas ! tout en les évitant, elles s'offriront, avec une telle violence, que je les subirai nécessairement... Je tremble et me heurte à mon impuissance. Peut-être qu'avec le secours de Dieu seul je triompherai de cette situation; je le demanderai avec confiance et persévérance.

Tous les jours, très assidûment, je lis mon chapitre de l'*Imitation*, et ces quelques lignes, pieusement méditées, donnent la force de vaincre bien des difficultés.

L'exemple aussi est un puissant moyen de ne pas

se décourager : c'est pour cette raison que j'insiste sur la nécessité de la correspondance. Partage avec Félix mon affection et l'assurance de mes prières pour notre persévérance dans le bien.

Ce 16 juin 1916.

Mon Georges très cher,

Tandis que, depuis huit jours, nous avons quitté notre beau logement dans ta région, il nous faut déjà repartir; d'aucuns prétendent que nous venons continuer les travaux; personne, en tout cas, n'est au courant de la destination que demain soir nous prendrons, pour suivre les premier et deuxième bataillons, qui ont pris les devants, n'étant pas aux tranchées encore; nous, nous sommes en ligne, et attendons la relève pour quitter. Le secteur est des plus calmes, mais le sera-t-il longtemps en laissant la place à la division marocaine?

Voilà pour ce qui est de la vie courante, profane, oserai-je dire, mais il est une question plus intéressante sur laquelle nous nous plaisons, à nous appesantir davantage; ma plume, pour la conter, ne connaît plus ses lois de la calligraphie, tant elle a hâte de dire que mon cerveau et mon cœur ont tressailli à la lecture de ta lettre, qui est un long résumé de ta vie d'épreuves.

J'allais me plaindre, j'en ai honte!

Maintenant, ne suis-je pas la plus heureuse créature, jouissant des biens matériels et de la satisfaction de me voir entouré d'amour maternel, fraternel et amical. Que peut-on de mieux? Oui, mon cher Georges, mon grand ami, tout en apparence me sourit, me favorise, et, malgré ces bénédictions célestes, je me vois anéanti par le poids d'un ennemi grossier et avilissant, parce que malgré mes désirs de réconciliation divine, je tombe sous la tentation trop lourde pour ma force.

Merci, je suivrai tes conseils, je lutterai malgré tout, je serai fidèle matin et soir à la récitation de la prière à la Sainte Vierge précédée des trois *Ave Maria,* et, sous la puissance de cette bonne Mère, peut-être réussirai-je à me mieux conduire dans la tempête ! En un mot, mes efforts sont constants; mais comme c'est parfois difficile et au prix de quels sacrifices.

Peut-être, et je crois d'ailleurs toucher de près le point faible, c'est que, malgré l'élan superficiel donné à mon âme pour revenir à des sentiments plus chrétiens et plus pratiquants, je manque encore d'une ferveur plus intense, d'une confiance plus absolue en ceux que j'implore, je me rends compte de cette gravité qui, comme tu me le dis, est à la base des principes religieux. Comme un malade qui sait très exactement les symptômes de son cas, je pourrai pallier le mal par un traitement énergique; j'y suis résolu; aide-moi par tous les moyens.

La prière, évidemment, est le plus certain et le plus direct des remèdes, mais l'exemple des épreuves d'ici-bas en est un autre, quand l'esprit veut voir en cela une intervention du ciel, comme tu veux le faire si sagement pour toi-même.

J'admire la conclusion de ta lettre qui ressort comme une apothéose délicieuse : Dieu me voulait tout à Lui, aussi tous mes projets les mieux combinés humainement, échouèrent-ils tous !

Je ne puis exprimer tout l'amour que ton cœur doit renfermer pour parler ainsi après avoir tant souffert, après avoir connu les charmes de l'être qui se sent ici-bas attiré par le légitime bonheur des sens pour la fondation d'un foyer. Et tout cela qui, pour moi encore trop dur aux choses surnaturelles, passe au premier plan (tant la réalisation de ces projets est douce pour un jeune âge !) ; tout cela, dis-je, tu sembles maintenant le railler pour proclamer une joie plus grande, plus réconfortante, plus réelle et plus sensible : te livrer tout entier au service de notre Créateur.

Je connais si bien ton sacrifice, qu'à deux genoux je le contemple et reste muet d'admiration.

Moi, vois-tu, jamais je n'arriverai à comprendre exactement ce qui se passe dans les âmes qui ainsi quittent les plaisirs de la terre volontairement et pour toujours. Quelle foi et quelle fermeté il faut avoir ! surtout après des années de peines, de luttes et d'épreuves telles que furent les tiennes avant ta décision. Déjà, je voudrais lire ta lettre qui me dira tes projets détruits par la main de Dieu, jusqu'au jour où tu compris son désir !

Je te promets de faire tous mes efforts pour devenir le digne émule de mon Georges, qui, je le sens si bien, m'aime de tout son cœur et veut me savoir heureux. Le courage et la confiance règnent et augmentent, l'union de prière continue pour tous trois.

Dimanche, 9 juillet 1916.

Je me trouve heureux, vois-tu, mon Georges, que me manque-t-il? Je suis entouré de toute part d'affection qui me semble à l'extrême. Et cependant, je cherche quelque chose, ce que je n'ai pas, et toujours le désir se poursuit au delà de la possession.

Ma demande d'élève-officier est certainement arrêtée, je suis loin d'être satisfait, comme bien tu le penses. Que puis-je faire?

Le projet que tu mûris est le mien, abstraction faite du changement de nom.

Le rêve serait que nous puissions combattre côte à côte, dormir sur la même paille, et au réveil faire la même prière pour demander à Dieu notre protection et le salut de la France. Gardons-en le secret et travaillons ferme par l'élévation de nos cœurs et de nos aspirations vers notre Divin Maître; et un jour, le geste de son doigt commandera.

Continue la narration de ta conversion complète elle me fait du bien jusqu'en ses moindres détails, et dans ma prochaine, je te noterai mes impressions.

14 novembre 1916.

Mes bons petits amis,

Ma fête a été commencée par une bonne communion où, dans mes intentions, vous étiez présents tous les deux, mes bons amis; mon visage devait dire la joie de mon âme qui montait vers le ciel pour demander une pluie de grâces pour mes aimés, ma famille, ma petite Mad..., mes amis.

De toutes parts, des lettres me sont venues dire une pensée des différentes régions de notre France, mais cette concentration m'est surtout agréable, parce qu'il y a de la pensée religieuse et beaucoup de prières.

Ce samedi, 25 novembre 1916.

Mon cher Georges,

J'ai reçu une bonne lettre de ma chère maman à qui j'avais, comme à l'ordinaire, dévoilé tout mon caractère, agressif, autoritaire, pointilleux. A ce sujet, j'en détache une bonne phrase : « Remercie Dieu qui m'a laissée près de toi et qui m'a permis d'adoucir les angles et de diriger tes sentiments. Ta docilité et ton affection m'ont rendu au centuple ce que j'ai fait avec plus de joie que de labeur. Mais qu'aurions-nous fait l'un et l'autre si l'oppression avait pesé sur toi comme sur tant d'autres qui n'ont pas joui d'une direction affectueuse; qu'aurais-tu fait, mon pauvre petit? Sois donc plus indulgent pour autrui, et qu'une bonté bien dirigée te fasse tendre, à l'occasion, une main secourable à celui qui en a besoin. Le moral est parfois plus intéressant à aider que le physique... » C'est vrai ; aussi je regrette mes premiers mouvements parfois trop vifs, devant le moindre défaut d'autrui. J'exige souvent des autres ce que, moi qui ai tant reçu, je ne peux manifester.

Je remercie le bon Dieu, certes, de m'avoir donné une maman si bonne, si affectueuse; et parfois, je le reconnais, je ne m'en rends pas assez digne.

Je vais donc faire effort sur moi-même pour me corriger de ce défaut, peut-être dominant.

Je prierai pour cela, avec le secours tout-puissant du bon Dieu, j'arriverai plus aisément à mon but.

Je pense à vous, mes trois bons amis, ce matin à

la messe, tout à l'heure aux pieds de Notre-Dame de Lourdes à la cathédrale; écrivez-moi, à tour de rôle, votre affection et votre assurance de prières.

RENÉ.

Ce 12 décembre 1916.

Mon cher petit Félix et mes trois bons amis,

Sur les conseils de ma mère, je me suis acheté dans la collection Nelson à 1 fr. 25 l'*Introduction à la Vie dévote,* de saint François de Sales. Je trouve ce livre-conseil écrit avec les vrais sentiments, pour conduire une âme, touchée de la grâce, à la vie dévote et parfaite. Dans sa préface, il en offre le résumé en disant : « D'aucuns ont écrit pour ceux qui vivent déjà dans la vie de Dieu à l'écart de beaucoup de tentations, alors qu'au contraire, la tâche la plus difficile est celle du chrétien dans le monde et la vie extérieure. »

Et, pas à pas, goutte à goutte, il donne la marche à suivre pour arriver à la perfection, dans la vie de camaraderie, de ménage, de commerce et même de cour, étant donnée l'époque.

Aussi, l'artisan, l'ouvrier, l'industriel et le rentier peuvent tous arriver sans difficultés à la plus belle perfection. Mais il faut que ce travail soit lent, constant et progressif, sans faiblesse ni découragement, et soutenu surtout par la grâce de Dieu. La prière en est la base. Comme la religion est chose aisée ! Il ne faut pas, comme je le lis chez lui, dire qu'elle rend le visage triste, sévère et pensif; au contraire, la candeur et le repos de l'âme se reflètent sur la physionomie et rendent plus sympathique.

Ce 27 décembre 1916.

Mes bons amis,

La guerre semble se terminer, et pourtant il va falloir faire le sacrifice de nos volontés pour donner à notre pays toute l'énergie active que nous sommes capables de produire.

A vous, mes bons amis, je vous envoie l'expression de mon cœur, traduite par un vif sentiment d'affection et d'union.

La santé nous sera donnée sans qu'il soit besoin d'insister auprès de Dieu, mais il est une demande non moins nécessaire, c'est celle de la protection dans le danger extérieur et moral. Nous n'y pouvons rien à ce premier, et pour les deux, nous sommes soumis à la volonté du Maître.

Alors, avec une plus grande insistance, je serai tout vôtre aux pieds de la Vierge, mes vœux s'échapperont en une longue et fervente prière, afin que la guerre nous épargne, pour que nous puissions continuer sur terre l'œuvre de l'amitié, commencée avec des bases solides.

Mais, quels que soient les desseins de Dieu, il arrivera un temps, peut-être très rapproché, où l'un de nous goûtera le repos en attendant ses amis un peu plus tard.

Dans ce cas, le rôle de chacun restera doublé d'une nécessité plus grande d'activité, pour compléter le but entrepris, et visera à l'affermissement des fondements sur lesquels d'autres s'appuieront pour continuer l'œuvre.

Lundi midi, 16 mai 1916.

Mon petit Félix,

Courage, mon bien cher, je compte toujours sur tes bonnes prières pour la continuation des événements heureux, je ne t'oublierai pas à mes heures de réconciliation avec notre grand Maître.

Mercredi, 17 mai 1916.

Les officiers n'ont pas du tout le même esprit qu'à *** et, en un mot, la vie est plus facile.

Tous les soirs il y a concert par les petits chasseurs à pied, et, de voir ces jeunes visages si vifs et alertes sur leur corps souple et léger, çà donne à notre milieu une note de gaîté et d'entrain.

Mais, pour moi, malgré l'enthousiasme que me procure la vivacité de ces soldats d'élite, ce n'est jamais sans un serrement de cœur que je vois le sombre uniforme bleu si joli pourtant dans sa simplicité, mais emblème de danger.

En quelques mots, voilà ma vie dans la journée, et, le soir, lorsque, pour le soldat, est venue l'heure du repos et de la promenade, je suis bien seul, mon pauvre Félix, et je me demande ce qu'à ce moment-là tu fais, et si tu ne t'ennuies pas de trop; c'est en se quittant que l'on sent surtout combien on s'était attaché, et le vide se fait alors plus grand, et le passé devient un rêve douloureux.

Si tu pouvais venir me voir, tu jugerais comme le pays est beau ! Nous sommes sur une immense hauteur d'où nous voyons à perte de vue.

Lundi, 21 mai 1916.

Mon très cher Félix,

Il y a vingt-quatre heures que j'ai lu ta grande lettre; je suis encore tout bouleversé de la pénible nouvelle dont tu me donnes un long détail. Je te remercie de m'écrire si gentiment et de prendre le temps de me mettre quatre pages, pendant les heures très brèves qui te sont laissées par le service.

Dis-moi, Félix, si tu as demandé une *Imitation* au Père A***, sinon je t'enverrai tout de suite celle que j'ai, je me ferai un plaisir de t'en offrir une : c'est un livre très beau qui, jusqu'à présent, ne m'a pas encore fait virer de bord, mais sert tout de même à me donner un peu plus de piété.

Au revoir, mon petit Félix, continue de prier pour moi, je ne t'oublierai pas non plus à mes heures, quand je le pourrai, avec ferveur.

Très affectueusement.

René.

Mercredi, 24 mai 1916.

Mon bon Félix,

Après avoir dépensé bien agréablement quelques minutes de mon temps avec ma chère maman, je ne saurais mieux faire que de continuer près de toi en répondant à ta longue causerie d'hier. Félix, je te l'ai dit parfois, tu es un garçon charmant; pour me consoler dans mon éloignement et ma solitude, tu m'envoies cinq et six grandes pages; je ne sais comment m'exprimer pour te traduire ma joie. Et puis, j'aime à te lire, autant qu'autrefois j'aimais et recherchais ton contact. L'expression de ta bonne âme s'épanche dans tes moindres paroles, et les lire, c'est me réconforter; j'admire ta ferveur jusqu'à la jalousie, mais, quand je me prends à violenter mes défauts pour mieux faire, je n'arrive jamais à être calme et tempérant plus d'une heure en suivant.

Alors je rage, je me révolte contre moi-même, me demandant si vraiment il y a au fond de moi l'ombre d'une volonté.

Cependant, sans me leurrer, j'en ai, mais pas pour cela. Je tombe comme l'enfant dans ses premiers pas, et comme lui, après la chute, le chagrin me prend de voir mon impuissance et ma fragilité.

Toi, Félix, je t'ai étudié, et tout en subissant les mêmes assauts, tu arrives à triompher de la tempête : tu restes, malgré tout, toujours debout, voilà pourquoi j'aimais ta compagnie, et je te demande maintenant de longues causeries épistolaires.

Tu es un fort dans la vraie acception, je voudrais te ressembler, ne m'abandonne pas.

Sans que jamais je t'en ai parlé très particulièrement, il y avait au groupe un ami vers qui allait aussi mon admiration pour ses qualités de cœur et d'esprit.

Cet ami, tu l'as trouvé, c'est Georges C... Je suis heureux de te savoir soutenu par lui, et je tiens à lui écrire tout spécialement, bientôt, pour lui manifester ouvertement ma gratitude de vouloir, à l'avenir, peupler ta solitude, vous soutenant ainsi mutuellement de vos vertus. La noblesse de ses sentiments, le caractère profond de ses idées, viendront souvent bien à propos près de la délicatesse de ton âme, et ensemble, longtemps encore, je le désire, vous travaillerez à vous affermir et à vous préparer un avenir brillant dans le royaume céleste.

Et moi, Félix, qui, par l'exigence des événements, suis maintenant séparé de toi, j'aimerai à goûter un petit quelque chose de la douce vie que tu vas mener : il me semble que de me raconter naïvement l'énumération de tes journées, me servirait beaucoup à devenir l'homme que tu es, que je désire être. Enfin, grâce à tes bonnes prières, je t'écrirai peut-être un jour que j'ai grandi dans l'atmosphère du bien. Dieu écoutera les amis qui l'implorent pour cela, et me fera devenir ce que je ne suis pas encore à mon grand regret.

Figure-toi, mon Félix, que je me crois un vrai protégé du ciel par l'intercession de la Sainte Vierge et de la sœur Thérèse de l'Enfant-Jésus. En secret, que je t'autorise à communiquer à Georges, vous serez les seuls à en être informés; il y a une quinzaine de jours, j'avais une envie folle de devenir officier; mais comment faire? Devant mon impuissance, j'ai cru bon de recourir à mes protectrices par une neuvaine, et voilà qu'au bout de trois jours, j'apprends qu'il a paru une circulaire demandant à la division des sous-officiers et caporaux, aptes à être présentés pour suivre pendant trois mois le peloton spécial. J'ai cru ma prière exaucée, et j'ai bondi chez le commandant pour qu'il m'inscrive.

Le général G*** a vu les candidats il y a trois jours, mais, malgré cela, on a fait en ma faveur un rapport tout spécial, qui est parti au colonel ce matin. Pourquoi la chose ne prendrait-elle pas bonne tournure puisque je compte sur la toute-puissance du Ciel.

Ma pauvre maman et ma fiancée, certes, n'accepteront pas la chose aussi aisément, mais pour elles, si je suis nommé, en partant dans un régiment d'active, n'y aura-t-il pas la même force venant de la même source? Si, mon Félix, et pour cela je prierai sans cesse, et je te demande d'unir tes supplications aux miennes.

Ce 27 juin 1916.

Mon très cher Félix,

Sept lettres à mon courrier hier; après la lecture de celle de ma bonne maman, ouverte légitimement la première, ce sont les deux tiennes qui m'ont comblé de leur affection, autant que charmé par l'éloquence de leur style amical, ouvert, émanant bien d'une âme qui respire de toutes parts la paix divine.

Ta première lettre m'arrive toute tachée, ayant eu contact avec un colis de beurre.

J'ai aussi la satisfaction de lire les détails de la réception de la lettre autographe de ta femme et de sa photo. Les circonstances, peut-être, nous réuniront bientôt, alors je n'oublierai pas de te demander de voir l'expression de santé que témoigne la bonne mine de tes très chers aimés.

En me contant les chants délicieux dont fut agrémentée la clôture de la neuvaine de saint Antoine, tu troubles légèrement mon orgueil de n'avoir pu, moi aussi, prêter mon petit concours de choriste. Ces réunions à la tribune me font un rappel des temps passés ensemble, j'aime à les revivre de souvenir, puisque ce n'est qu'ainsi qu'il m'est permis de les renouveler.

J'ai lu, hier, ta lettre avec émotion, quand, arrivé à la transcription des marques de l'amour maternel pour moi.

Je tremble de l'avenir, parce que mon caractère ne peut rester dans l'obscur.

Et, malgré la prudence dictée quotidiennement par la plume maternelle, sous des formes variées et toujours émouvantes, et malgré les conseils de mes meilleurs amis tels que toi et Georges, et malgré, oserai-je dire, mes promesses de calme et d'abandon en la Providence, je sens qu'il y a en moi une force plus grande qui m'oblige à me jeter au milieu de la fournaise de nos combats, quel qu'en doive être le résultat final. Le premier pas est fait, j'attends la réponse : jusqu'au jour de mon déplacement, s'il s'opère, j'en cacherai les moindres soupçons avec soin. Jusqu'à toi, est allée la plainte du cœur de ma chère maman. Sa souffrance s'étale cruellement de me savoir exposé, et cependant, comme inconscient de cette extrême sensibilité qui rattache sa vie à la mienne, je risque mon bonheur, ma jeunesse, mon avenir brillant, autant que je puis l'entrevoir, pour me mêler à ceux qui reviendront couverts de gloire, ou peut-être à ceux dont on ne parlera qu'en termes émus et la tête découverte.

Tu traduiras mes sentiments par les synonymes : orgueil ou folie ! J'accepte, mais à la condition de porter le sens de l'amour jusqu'au point extrême où il se confond avec la passion.

L'artiste aime le beau, le parfait; pour y arriver, il ne se ménage pas, mettant à son pinceau ou à son burin un amour passionné, d'où seulement surgira le chef-d'œuvre qui le rendra immortel. C'est mon cas; Dieu seul connaît ce qui m'est réservé, qu'importent les événements de cette vie passagère; la Toute-Puissance ne veille-t-elle pas pour parer aux difficultés?

Je dis par là toute ma confiance absolue en la protection du bon Dieu. Jusqu'à présent, j'ai été manifestement protégé, c'est un espoir pour l'avenir.

J'ai à te remercier de la messe que tu as fait dire à saint Antoine pour ma sécurité.

Certainement, on n'a jamais trop recours aux prières ; ma confiance s'affermit de savoir que de toute part les intentions s'élèvent vers le ciel en ma faveur. Quant à Maurice, une ligne spéciale pour lui mettre sous les yeux sa paresse due peut-être à une pointe de frivolité, depuis le départ de Monchiet.

Enfin ma pensée dernière se détache pour mes deux frères, Félix et Georges, que j'embrasse avec effusion et reconnaissance pour leur coopération à l'élévation de mes sentiments.

René.

Mercredi, le 6 juillet 1916.

Mon cher petit Félix,

Jour délicieux hier, qui me donna une joie complète par la réception de deux photos que je ne me lasse pas d'admirer, cherchant à puiser dans le regard de chacun la pensée, devinant l'état d'âme.

Elles me sont chères, ces images dont l'une est le sourire d'avril de tes aimés, et l'autre toute la famille dans laquelle j'espère entrer par mon union avec ma petite reine. Et avant de te transmettre l'impression ressentie en contemplant les chers tiens, laisse-moi te remercier, mon Félix, du sacrifice fait en te séparant momentanément de tes petits enfants pour me procurer le plaisir et la surprise de les voir bien portants et plus gais que sur la première reçue il y a quelques mois. On lit, sans peine, que de leur cœur s'échappe une religieuse et calme résignation; les yeux bien ouverts disent à leur papa l'espoir d'un bonheur plus tard plus grand, plus intense, plus affectueux, parce qu'ils auront souffert, et, par suite, seront devenus plus hommes, plus énergiques, plus aguerris aux mille misères d'ici-bas. Lis donc, mon cher Félix, sur les lèvres qui semblent s'ouvrir pour prononcer des paroles de courage que de loin, ils formulent tous les jours, et que, par le bon Dieu, ils font venir jusqu'à ton âme.

Contemple leur attitude droite et ferme qui est maintenant devant tes yeux pour te dire : Félix, mon petit papa chéri, devant les privations et les ennuis de l'occupation, nous sommes énergiques, vois comme nous savons triompher de nos difficultés, courage, mon petit père, demain nous te serons rendus plus vaillants que jamais; regarde-nous pour supporter avec patience la cruelle séparation; nous t'appartenons toujours avec amour; le souffle de notre pensée traversera les ondes de la bataille, jusqu'au jour béni où nousnous retrouverons ensemble à genoux, devant l'autel de notre chère église, pour remercier par des larmes de joie, le bon Dieu qui n'aura pas voulu nous séparer toujours.

Mon Félix,

Tu vois combien tous sont éprouvés et le souci constant dont souffre ma mère. Je constate avec une pénible douleur que, malgré le style affectueux que j'admire journellement dans les lettres maternelles, il y a un épuisement progressif causé par la fatigue et les peines; je tremble tous les jours, sans en laisser paraître rien.

Quant à ma demande, pour mon départ en qualité d'élève-officier, je suis déçu. Il n'y a aucune réponse et les autres sont partis, c'est donc fini maintenant. Je me résigne chrétiennement, en faisant par là la volonté de Dieu; il a d'autres desseins, sans doute, et je les aide en songeant déjà à une autre demande. Je ne sais pas encore laquelle, mais ce sera soit l'infanterie en qualité de caporal, soit l'aviation, le rêve de mes rêves. Il me semble que rien ne m'arrêterait dans un combat aérien. Ce doit être magnifique. Mais je ne me leurre pas de chimères; peut-être finirai-je la guerre d'une façon très obscure, dans mon petit rôle de caporal brancardier; là encore, je ne verrai que la main divine, dirigeant mes pas à travers le monde, n'en voyant qu'une parcelle malgré mon désir de le connaître tout entier.

Bravo de la lutte soutenue contre les embûches du démon perfide, caché sous les apparences trompeuses et que, dès Monchiet, je te signalais. C'est bien, mon Félix, tu sors vainqueur parce que ta volonté est riche de sentiments élevés qui l'annoblissent chaque jour un peu plus.

Continue autant que tu le pourras, tes lectures profanes de bons auteurs; tu y puiseras des éléments sérieux dont tu pourras faire base dans tes conversations. Où donc veux-tu connaître et apprendre si tu ne cherches pas les choses où elles sont ? M. A... a un beau choix de livres que je regrette. Je m'ennuie beaucoup à ne rien faire.

Ce 15 juillet 1916.

Cher petit Félix,

Je suis allé hier faire une grande promenade en voiture (45 kilomètres), par un beau temps; j'adore ces petites sorties : d'abord étant un petit « patron », c'est moi qui conduit le cheval, ce qui n'est pas un de mes moindres amusements, et puis, je reprends contact avec la vie civile. Ça fait un tout drôle d'effet de voir le mouvement qui se déroule autour de soi.

J'avais beaucoup de commissions, comme on en charge ceux qui vont à l'arrière, ce qui fait que j'ai pu développer mon activité auprès des uns et des autres.

Force amabilités m'étaient aisées depuis que j'en étais sevré, et l'après-midi s'est très rapidement écoulée.

Je suis heureux d'apprendre le succès de M. Paul D.., je le félicite cordialement et non moins le travail de son frère; l'examen ne lui a pas procuré les mêmes joies, qu'il se console, il est jeune encore; les insuccès sont une bénédiction, car ils serviront à faire du timide un affranchi; je trouve que, pour le jeune homme, c'est un avantage plus sérieux que la mention sans désappointement. Qu'il recommence avec plus de courage, plus de vaillance, et il aura sur son frère le grand avantage d'avoir connu toutes les phases influençant le caractère d'un homme.

J'ai tremblé d'émotion en sachant le voyage du Père A..., je regrette amèrement ne pas l'avoir vu, surtout en ce moment; j'aurais eu beaucoup à lui causer.

Peut-être ne savait-il pas où je me trouvais; somme toute, dans la même division, la censure ne peut pas empêcher que l'on dise où l'on se trouve; entre camarades, il faut bien se voir, aussi, sans scrupule ni crainte, je te marquerai chaque fois où on pourra me voir, quoiqu'en ce moment je sois à 17 kilomètres au delà de Nancy, à Erbeviller.

Dans la dernière lettre écrite à Maurice B..., ma mère me faisait part de sa détermination de faire notarier ses volontés. Oh! mon cher Félix, ce n'est pas sans larmes que je suis arrivé à lire cette lettre, qui vient frapper dans mon cœur un coup terrible en devançant les desseins de Dieu.

Et toujours je vois, à travers les lignes qui me sont écrites, des mots qui me laissent entrevoir une fatigue physique plus grande, un manque de forces, qui me font trembler. J'aime trop ma mère pour qu'on me parle d'une séparation possible; j'espère qu'elle est loin encore, car ma douleur serait telle que je n'en supporterais pas le poids.

Mais je suis fou, aberré, de penser à ces choses. J'ai besoin d'un soutien et le bon Dieu le comprend; je l'en remercie mille fois !

Mon cœur, pour manifester sa reconnaissance, n'a plus de bornes ni de limites; il monte jusqu'au ciel comme un souffle puissant pour y puiser la force, la jeunesse et la vie.

Avant de terminer, j'ai à te parler de Maurice qui

répond à une de mes lettres et se déclare bien seul et très malheureux.

A ce sujet, je vais lui répondre, mais je voudrais te demander de le voir de temps en temps, sans faire part de ce que je t'ai dit. C'est un excellent garçon, d'une rare énergie, mais qui mettra toute sa valeur soit au service du bien, soit à celui du mal, il n'y a pas de milieu. Ayant eu autrefois ses confidences, je sais de quoi il est capable : une grande œuvre est de le travailler beaucoup, beaucoup. Sans cesse de chétifs principes religieux sont sa base; par mille moyens, il faudrait lui faire comprendre; l'affection surtout, c'est le plus sûr stratagème; personne n'y résiste, et lui particulièrement y est sensible.

Maurice a beaucoup de cœur, mais dit-il, je suis découragé par le manque de nouvelles des miens.

Qu'importe, mon Félix, suppléons à cela, pour un ami, un grand ami, il est des heures où l'on doit savoir se dépenser, se fatiguer, se priver. — Tu es près de lui, tu es intelligent, tu sauras faire valoir la paix d'une conscience libre, d'une façon détournée; la pensée de sa famille se dissipera, s'il sent près de lui un ami qui sait lui prendre chaudement les deux mains et lui montrer les horizons de la joie.

Ce 18 juillet 1916.

Mon très cher petit Félix,

Pour le beau jour de ta fête, qu'il me soit permis de t'embrasser avec une plus chaude affection, laissant dans ton cœur une longue traînée délicieuse d'amour fraternel, conduit par Dieu, pour nous aider mutuellement à franchir le chemin difficile des épreuves.

L'année prochaine, la guerre sera finie, je serai loin de toi probablement, mais par tes prières et ton esprit de sacrifice, tu mériteras d'être dans les bras de tes aimés.

Alors tu penseras un peu, qu'à la même époque, un an auparavant, quelqu'un t'aura dit : « Félix, qu'en la séparation des tiens très chers, qu'un ami, un frère, supplée à la volonté divine, son cœur est ouvert pour t'y recevoir tout entier, et t'entourer de sollicitude et de tendresse. »

Ces 21 et 22 sont des dates très douces, unissant ta fête à celle de l'ange de mon futur foyer.

Cette coïncidence est heureuse, j'aime à la constater pour mieux m'en pénétrer. Unissons nos pensées, mon Félix, pour communier ensemble dans le même espoir de vivre unis toujours par l'affection et par le cœur.

RENÉ.

6 novembre 1916.

Mon cher Georges,

Aujourd'hui s'est accompli le grand acte que tu sais. J'ai remis ma demande de changement de corps au général d'armée, j'espère qu'elle sera accordée. Prions beaucoup et s'il n'y a rien affirmativement, c'est qu'il ne faudra pas insister.

D'un autre côté, comme pour toutes nos intentions je réclame le secours de tes prières pour que le bon Dieu, par sœur Thérèse, aide ma petite maman à supporter cette grande épreuve. Je partirai, j'en suis sûr, et une fois blessé, sœur Thérèse viendra me secourir sur le champ de bataille. Ma confiance est absolue et j'arriverai à mon désir.

Si, par impossible, je ne devais pas revenir, prie pour moi. J'ai la conscience très calme, je ne crains rien, et pour mes deux aimées, ma mère et ma petite Mad... Dieu, notre Dieu bien bon, y pourvoira. La terre est un passage bien court et bientôt nous nous trouverons réunis et plus heureux.

Je voudrais beaucoup écrire à Maurice, le remercier de sa carte et lui dire, surtout, combien il doit être plus heureux maintenant qu'il lutte contre les difficultés avec l'aide de Dieu, aide tout-puissant par excellence.

Je puis bien lui dire qu'il aura des défaillances, des ennuis, mais qu'il serre davantage ses sentiments religieux contre les principes de la foi et il ne sombrera pas, jamais.

J'aurais beaucoup à lui dire à ce sujet, mais je suis tenu par le temps, qu'il m'excuse.

Ce jeudi, 21 décembre 1916.

Sur l'heure, Georges m'apprend que mon bon petit Félix se prépare à le quitter. J'en suis attristé, mais nullement surpris, prévenu par les mesures prises ici pour tous les services de la place. Que la volonté de Dieu se fasse, sa main guide plus particulièrement celui qui le prie avec confiance et persévérance.

Mes amis, à cette heure grave, je n'ai qu'un instant pour vous envoyer l'expression toute de courage des âmes d'élite.

Pour toi, Georges, tu restes attaché à ton poste

obscur, et seul ! Il te faut la consolation de l'ami qui t'a quitté le premier, par des événements voulus par Dieu. Quant à toi, Félix, je ne puis que t'engager à être le vaillant que tu as toujours été : c'est-à-dire simple dans ton action d'obéissance, mais héroïque dans ta façon d'agir sans murmure ni faiblesse. Je t'ai admiré, et combien, à ce point de vue, je suis loin de toi.

Tu as été pour moi un riche et noble exemple, continue. Et que le secours de mes prières te rende aux tiens.

A l'heure où vous vous séparerez, je serai de tout cœur près de vous, mes chers et bons amis, vous demandant de faire ailleurs ce que vous avez fait entre vous, et de créer des intimités vraies, solides et durables.

Bon courage, mon cher Félix, bientôt je te dirai ce qu'est le danger après l'avoir affronté.

Au milieu de vous je suis très affectueusement par le baiser fraternel de mon cœur.

Souvenirs aux bons amis.

René.

Ce 19 avril 1917.

Mon cher Georges,

Un mot seulement. Nous sommes au repos, à 12 kilomètres des lignes, pour quelques jours.

L'attaque a été un déplorable échec. Notre bataillon, grâce à notre commandant, n'a pas attaqué, et malgré cela, nous descendons avec trois cents hommes de perte au moins.

Les Boches ont fait venir un renfort considérable devant lequel nous nous heurtons. Toujours le manque d'artillerie; les troupes étaient magnifiques d'élan, mais maintenant c'est fini, elles sont démoralisées.

La victoire, une fois de plus démontée, ne peut venir que de Dieu. Prions donc plus que jamais. Quant à moi, tu vois, j'en suis très bien sorti, sans même une égratignure, et pourtant j'ai traversé de tristes moments.

A plus tard plus longue lettre. Mon respect au Père A...

Bien affectueusement je t'embrasse.

RENÉ.

***

Il avait transcrit pour son usage personnel quelques pensées qui l'avaient particulièrement frappé, et qu'il aimait à méditer. Nous resterons sur ces pensées qui peignent au naturel le meilleur de son âme :

« Monter, monter plus haut, monter encore, monter toujours.

« Aller de l'égoïsme au sacrifice, de la vie naturelle à la vie transfigurée, du bien au mieux.

« Creuser dans son âme, par le recueillement et par une attention plus fidèle à la grâce divine, de nouvelles profondeurs.

« Se renoncer toujours davantage pour entrer davantage dans la vie universelle de charité.

« Ne rester étranger à aucune des souffrances de l'humanité et prendre les sentiments de Celui qui avait compassion de la foule : *Misereor super turbam.* »

Et enfin cette pensée de Gratry :

« Trouver dans la prière, dans la pureté de la vie dans des relations plus fréquentes avec Jésus-Christ vraiment présent dans l'Eucharistie, le moyen infaillible de mieux connaître la vérité et de devenir plus capable de la communiquer aux âmes. »

Impr. de Montligeon La Chapelle-Montligeon (Orne). — 10559-10-20.

IMPRIMERIE
DE MONTLIGEON
(ORNE)

www.ingramcontent.com/pod-product-compliance
Ingram Content Group UK Ltd.
Pitfield, Milton Keynes, MK11 3LW, UK
UKHW020251180726
13839UKWH00001B/291